I0540482

Den jødiske staten

Theodor Herzl

Israelbok.no
Himmelbok.no

Den jødiske staten
Copyright denne oversettelse © 2018 Jon Andersen
Alle rettigheter reservert.
Forsidefoto: Theodor Herzl, foto av Carl Pietzner
Baksidefoto: Theodor Herlzs grav på Herzls berg i
    Jerusalem, Israel, foto av Jon Andersen. Innfelt:
    Den jødiske statens tiltenkte flagg, som
    beskrevet i boka.
Trykk: IngramSpark, UK
1. utgave på papir, april 2018
Utgitt av Israelbok, en filial av Himmelbok.no
ISBN: 978-91-983639-7-5

Innhold

Oversetterens forord

D en 14. mai 1948 – nesten nitten hundre år etter at keiser Titus la det jødiske templet i Jerusalem i grus, etter nitten hundre år av en diaspora da jødene ikke hadde noe landområde i verden som de kunne kalle sitt eget, etter å ha vært prisgitt antisemittiske angrep i mange land rundt omkring i verden i nesten to millennier – denne fredags ettermiddagen fikk jødene atter en gang et nasjonalt hjemland som de kunne kalle sitt eget. De valgte å kalle nasjonens ny-gamle hjemland for *Medinat Israel* på hebraisk, eller Staten Israel på norsk.

Staten Israel var et resultat av en drøm som jødene hadde båret på i alle år siden de ble utvist fra fedrenes hjemland. «Glemmer jeg deg, Jerusalem, så la min høyre hånd glemme meg», klaget jødene når de satt ved Babylons elver i det sjette århundre før vår moderne tidsregning. «Neste år i Jerusalem» var ønsket som jødiske familier hilste hverandre med når de feiret påske i Russland, England, Spania, Yemen og Marokko.

Fra og med slutten av 1800-tallet begynte flere og flere jøder å innse at det ikke holder å bare drømme og be om en hjemkomst til hjemlandet; de måtte faktisk gjøre noe rent praktisk hvis de ville at den eldgamle drømmen skulle bli en virkelighet.

En av de første og største pionerene i denne bevegelsen var mannen som har skrevet den boka du nå holder i hånda, nemlig Theodor Herzl. Da han med sine egne øyne ble vitne til grusom anti-semittisme på gatene i en av Europas fremste byer, ble han overbevist om at sionismen var svaret på det jødiske folkets problemer. Denne boka var ment å være et kall til vekkelse blant jødene, for å hjelpe dem til å innse at de aldri ville finne en løsning på de antisemittiske problemene som de sto overfor i Europa, og at den eneste løsningen var å gjen-opprette et jødisk nasjonalt hjemland der de kunne leve som frie mennesker og forsvare seg mot alle angripere.

På grunn av Theodor Herzls utrettelige arbeid for denne saken fra 1895 til sin død mindre enn ti år senere, er Theodor Herzl både blitt kalt for den politiske sionismens far og for den jødiske statens åndelige far.

Når jeg nå har oversatt denne boka til norsk, er det fordi jeg ved Staten Israels 70-års jubileum vil ære den innsatsen som Theodor Herzl utviste i løpet av disse årene.

Jon Andersen

Forord

Den ideen som jeg har utviklet i denne pamflet-
ten, er en meget gammel en: Det er gjenopp-
rettelsen av den jødiske staten.

Verden gir gjenlyd av utrop mot jødene, og disse
ropene har vekket den slumrende ideen.

Jeg vil at det skal være forstått fra begynnelsen
av at ingen del av mine argumenter er grunnlagt på
noen ny oppdagelse. Jeg har verken oppdaget
jødenes historiske tilstand eller metoden for å
forbedre den. Faktum er at hvert menneske vil se for
seg selv at materialene i den bygningen som jeg
skaper, ikke bare eksisterer, men finnes faktisk
allerede for hånda. Hvis dette forsøket på å løse det
jødiske spørsmålet skal defineres av ett enkelt ord,
så kan vi derfor la det bli sagt at det er resultatet av
en uunngåelig konklusjon og ikke en flyktig fantasi.

Først av alt må jeg vokte planene mine fra å bli
behandlet som utopiske av overfladiske kritikere,
som kan begå denne feilen hvis jeg ikke advarer
dem. Jeg ville åpenbart ikke ha gjort noe å skamme
meg over hvis jeg hadde beskrevet et utopia langs
filantropiske linjer. Og jeg ville etter all sannsynlig-
het også ha oppnådd litterær suksess mye lettere
hvis jeg hadde fremmet planene mine i en
uansvarlig forkledning av en romantisk fortelling.

7

Men dette utopia er mye mindre attraktivt enn noen av dem som er framstilt av sir Thomas More og alle hans forgjengere og etterfølgere. Og jeg tror at jødenes situasjon i mange land er så alvorlig at slik midlertidig fjams er overflødig.

En interessant bok ved navn «Freiland», av dr. Theodor Hertzka, som kom for noen år siden, kan fungere som det veiskillet som jeg trekker mellom min unnfangelse og et utopia. Han har en sinnrik oppfinnelse av et moderne sinn som er grundig opplært i den politiske økonomiens prinsipper, og den er like fjern fra virkeligheten som det fjellet ved ekvator der drømmestaten hans ligger. «Freiland» er en komplisert mekanisme med flere tannhjul som passer inn i hverandre, men det finnes ingenting som beviser at de kan settes i bevegelse. Selv om vi antar at «Freiland-samfunn» skulle bli opprettet, ville jeg betraktet det hele som en spøk.

Denne planen handler derimot om at vi skal benytte oss av en eksisterende fremdrivende kraft. Av hensyn til min egen utilstrekkelighet, skal jeg nøye meg med å peke på tannhjulene og delene i den maskinen som skal konstrueres, og jeg vil stole på mekanismer som er dyktigere enn meg selv for å sette dem sammen.

Alt er avhengig av vår fremdrivende kraft. Og hva er den kraften? Jødenes ulykke.

Hvem vil prøve å fornekte at den eksisterer? Vi vil diskutere den i sin helhet i kapitlet om antisemittisme.

Alle kjenner til fenomenet med dampkraft, som skapes av kokende vann, som løfter lokket på kjelen. Slike tekanne-fenomener er sionistenes og lignende foreningers forsøk på å holde antisemittismen i sjakk.

Jeg tror at denne kraften, hvis vi bruker den rett, er mektig nok til å drive en stor motor og flytte passasjerer og gods. Motoren kan anta en hvilken som helst form som mennesker velger å gi den.

Jeg er helt overbevist om at jeg har rett, selv om jeg tviler på at jeg skal leve for å se at det blir bevist at jeg har rett. De som er de første til å starte denne bevegelsen, vil neppe leve for å se den ærefulle avslutningen. Men starten på den er nok til å gi dem en følelse av stolthet og gleden i åndelig frihet.

Jeg skal ikke være overdådig i kunstnerisk utformede beskrivelser av prosjektet, av frykt for å pådra meg mistanken om å male et utopia. Jeg forventer meg i alle fall att tankeløse spottere vil tegne karikaturer av utkastet mitt og forsøke å svekke resultatet. En jøde som jeg forklarte planen min for, og som på andre måter er intelligent, var av en oppfatning at «et utopia var et prosjekt hvis detaljer i framtiden var representert som om de allerede eksisterte». Dette er en feilslutning. Enhver finansminister regner med antatte tall i sine estimerte budsjetter, og ikke bare med tall som er basert på den gjennomsnittlige inntekten de siste årene, eller på tidligere inntekt i andre stater, men noen ganger med tall som det overhodet ikke finnes presedens for, som for eksempel når han skriver ut en ny skatt. Alle som studerer et budsjett, vet at dette er tilfelle. Men selv om det hadde vært kjent at beregningene ikke vil bli fulgt til punkt og prikke,

9

ville man da betrakte en slik økonomisk plan som utopisk?

Men jeg forventer meg mer av leserne mine. Jeg ber de kultiverte menneskene som jeg skriver til, om at de skal sette alle sine forutfattede meninger til side. Jeg vil til og med gå så langt at jeg ber de jødene som tidligere har gjort ærlige forsøk på å løse det jødiske spørsmålet, som feilslåtte og nytteløse.

Jeg må vokte meg mot en fare når jeg fremlegger denne ideen. Hvis jeg beskriver framtidens omstendigheter altfor forsiktig, virker det som om jeg tviler på at det kan skje. Men hvis jeg på den andre siden bekjentgjør oppfyllelsen av disse med altfor stor tillit, virker det som om jeg beskriver et fantasifoster.

Jeg vil derfor klart og tydelig bekrefte at jeg tror på praktiske resultater av planen, selv om jeg ikke hevder å ha oppdaget den formen som den til slutt vil ta. Den jødiske staten er nødvendig for verden, og den vil derfor bli skapt.

Denne planen vil selvfølgelig se absurd ut hvis ett enkelt individ forsøkte å gjøre det. Men hvis den blir utarbeidet av et antall jøder i samarbeid, ser den helt rasjonell ut, og det å oppnå målet vil ikke involvere noen vanskeligheter som er verdt å nevne. Ideen er kun avhengig av antallet støttespillere. Kanskje våre ambisiøse unge menn, som nå har opplevd at enhver vei til framgang er stengt, og som ser i denne jødiske staten at et lyst håp om frihet, lykke og ære åpner seg for dem, vil sikre at ideen blir utbredd.

Jeg føler at i og med utgivelsen av denne pamfletten, er jobben min fullført. Jeg vil ikke ta opp pennen igjen, hvis ikke angrepene fra viktige motstandere tvinger meg til å gjøre det, eller hvis det blir nødvendig for å møte uforutsette protester og å fjerne feil.

Sier jeg det som ennå ikke er tilfelle? Er jeg forut for min tid? Er jødenes lidelser ennå ikke tilstrekkelig alvorlige? Vi får se.

Det er opptil jødene selv om denne politiske pamfletten vil forbli en politisk romanse. Hvis dagens generasjon er for trege til å forstå den på rett måte, vil det i framtiden oppstå en finere og bedre generasjon som vil forstå den. De jødene som ønsker en stat, vil få den, og de vil fortjene å få den.

Sɪᴏɴɪsᴍᴇɴs ᴋʟᴀssɪᴋᴇʀᴇ: Bᴏᴋ 1

Kapittel 1:
Introduksjon

Det er forbløffende hvor lite innsikt om den økonomiske vitenskapen som mange av de som er midt i det aktive livet, har. Dermed er det slik at til og med jøder trofast gjentar antisemittenes rop: «For vårt livsopphold behøver vi de nasjonene som er våre verter, og hvis vi ikke hadde hatt noen verter til å støtte oss, hadde vi dødd av sult.» Dette er et poeng som viser hvordan urettferdige anklager kan svekke vår kunnskap om oss selv. Men hva er den sanne bakgrunnen til denne uttalelsen om nasjonene som fungerer som «verter»? Der det ikke er grunnlagt på begrensede fysiokratiske syn, er det grunnlagt på den barnslige feilen om at råvarer går fra hånd til hånd i en kontinuerlig rotasjon. Vi trenger ikke å våkne fra en lang søvn, som Rip van Winkle, for å innse at verden blir forvandlet når det produseres nye råvarer. Den tekniske framgangen som er gjort i denne vidunderlige epoken, fører til at til og med en mann med begrenset intelligens kan bruke sine nærsynte øyne til å legge merke til at nye råvarer dukker opp rundt ham. Det er foretaksomhetens ånd som har skapt dem.

Arbeid uten foretaksomhet er de gamle dagers stasjonære arbeid. Et typisk eksempel på dette er

13

bondens arbeid, som nå står nøyaktig der hans forfedre sto for tusen år siden. All vår materielle velferd har kommet gjennom foretaksomme menn. Jeg skammer meg nesten over å skrive ned en så banal bemerkning. Selv om vi hadde vært en nasjon av entreprenører – slik som absurd overdrevne fortellinger hevder at vi er – ville vi ikke trenge en annen nasjon til å leve av. Vi er ikke avhengige av at gamle råvarer sirkuleres, for vi produserer nye.

Verden har slaver som har en ekstraordinær evne til arbeid, og deres ankomst har vært skjebnesvanger for produksjonen av håndlagede varer. Disse slavene er maskinene. Det er sant at det er behov for arbeidere for å sette maskineriet i gang, men til dette har vi mange mennesker, et superoverskudd. Det er bare de som ikke kjenner til jødenes situasjon i mange land i Øst-Europa, som kan forsøke seg på å hevde at jødene enten er uegnet eller uvillige til å utføre kroppslig arbeid.

Men jeg ønsker ikke å ta opp kampen for jødene i denne pamfletten. Det ville vært nytteløst. Alt rasjonelt og alt sentimentalt som man kan si til deres forsvar, er allerede blitt sagt. Hvis lytterne ikke er i stand til å forstå det, er man en predikant i en ørken. Og hvis lytterne er brede og høysinnede nok til å ha forstått det allerede, er prekenen overflødig. Jeg tror at mennesket kan stige til høyere og høyere grader av sivilisasjonen, men jeg mener at denne oppgangen er desperat langsom. Hvis vi skulle ha ventet til den gjennomsnittlige menneskeheten var blitt så velvillig innstilt som Lessing var da han skrev «Nathan den vise», måtte vi ha ventet til etter våre dager, til etter våre barns, barnebarns og oldebarns dager. Men verdens ånd kommer oss til hjelp på en annen måte.

Dette århundret har gitt verden en vidunderlig renessanse gjennom de tekniske prestasjonene, men samtidig har ikke disse mirakuløse forbedringene blitt utnyttet i menneskehetens tjeneste. Avstand er ikke lenger et hinder, men vi klager på utilstrekkelig rom. Våre store dampskip fører oss raskt og sikkert over hittil ubesøkte sjøer. Våre jernbaner bærer oss trygt inn til en fjellverden som vi hittil har besteget på skjelvende føtter. Begivenheter som skjer i land som ikke var oppdaget da Europa satte jødene i ghettoer, blir kjent i løpet av en time. Dermed er jødenes elendighet en anakronisme – ikke fordi det var en periode med opplysning for hundre år siden, for den opplysningen nådde i virkeligheten bare de mest utvalgte ånder.

Jeg tror at det elektriske lyset ikke ble oppfunnet for å opplyse salongen hos noen få snobber, men for at det skulle kaste lys over noen av menneskehetens mørkeste problemer. Et av disse problemene, og ikke det minste av dem, er det jødiske spørsmålet. Når vi løser det, jobber vi ikke bare for oss selv, men også for mange andre bebyrdede og undertrykte mennesker.

Det jødiske spørsmålet eksisterer fortsatt. Det ville vært dumt å fornekte det. Det er en rest fra Middelalderen som siviliserte nasjoner ikke ennå er i stand til å riste av deg, selv om de forsøker. De viste et generøst ønske om å gjøre det da de emansiperte oss. Det jødiske spørsmålet eksisterer

15

over alt der det bor jøder i merkbare tall. Der det
ikke eksisterer, er det båret av jøder under deres
vandringer. Vi flytter naturligvis til de plassene der
vi ikke blir forfulgt, og der produserer vårt nærvær
forfølgelse. Dette er tilfelle i alle land, og det vil
forbli det, til og med i dem som er høyt siviliserte –
for eksempel Frankrike – inntil det jødiske
spørsmålet finner en løsning på et politisk grunnlag.
De uheldige jødene bærer nå antisemittismens frø til
England. De har allerede innført det til Amerika.

Jeg tror at jeg forstår antisemittisme, som i
virkeligheten er en meget komplisert bevegelse. Jeg
betrakter den fra et jødisk synspunkt men uten frykt
eller hat. Jeg tror at jeg kan se hvilke elementer det
er i den av vulgær sport, av vanlig økonomisk
sjalusi, av nedarvede fordommer, av religiøs intole-
ranse og også av påtatt selvforsvar. Jeg tror at det
jødiske spørsmålet ikke er noe mer sosialt enn
religiøst, selv om det noen ganger kommer i denne
og andre former. Det er et nasjonalt spørsmål som
bare kan løses ved å gjøre det til et politisk
verdensproblem som blir diskutert og avgjort av
verdens siviliserte nasjoner i et råd.

Vi er et folk – ett folk.

Vi har oppriktig forsøkt overalt å blande oss
sammen med det sosiale livet i samfunnene rundt
omkring og å bevare våre fedres tro. Vi har ikke fått
lov til å gjøre det. Forgjeves er vi lojale patrioter, og
på noen plasser er vår lojalitet ekstrem. Forgjeves
gjør vi de samme offer av liv og eiendom som de
andre innbyggerne. Forgjeves strever vi etter å øke
berømmelsen til hjemlandet vårt i vitenskap og

kunst og hennes rikdom gjennom handel. I land der vi har bodd i århundrer, blir vi fortsatt kalt for fremmede, og ofte av dem hvis forfedre ikke ennå hørte hjemme i det lander der jødene allerede hadde opplevd lidelse. Flertallet kan bestemme hvem som er fremmede, for dette er, på samme måte som alle spørsmål som reiser seg i forholdet mellom nasjoner, et spørsmål om makt. Jeg overgir ikke her noen del av vår tilmålte rett når jeg kommer med denne uttalelsen kun i mitt eget navn som et individ. I den verden som nå eksisterer og som antagelig vil forbli i en ubestemt periode, vil makt gå foran rett. Det er dermed nytteløst for oss å være lojale patrioter, slik som hugenottene som ble tvunget til å emigrere. Hvis vi bare var blitt latt i fred ...

Men jeg tror ikke vi vil bli latt i fred.

Undertrykkelse og forfølgelse kan ikke utrydde oss. Ingen nasjon på jorda har overlevd slike kamper og lidelser som vi har gjennomgått. Jøde-plaging har bare fjernet de svake. De sterke blant oss var alltid sanne mot sin rase da forfølgelsen mot dem brøt ut. Denne holdningen var som mest tydelig i perioden umiddelbart etter jødenes emansi-pasjon. De jødene som var kommet langt på det materielle og intellektuelle planet, mistet helt følel-sen av å tilhøre sin rase. Der vårt politiske velvære har vart en viss tid, er vi alltid blitt assimilert med omgivelsene. Jeg mener at dette ikke er vanheder-lig. En statsmann som vil se en jødisk sprekk i vår nasjon, må dermed ta hensyn til tiden for vårt politiske velvære, og ikke engang en Bismarck kan gjøre det.

For gamle fordommer mot oss ligger fortsatt dypt i folkets hjerter. Han som vil ha bevis på dette, trenger bare å lytte til folket når de snakker åpent og enkelt: Ordspråk og eventyr er begge antisemittiske. En nasjon er overalt et fantastisk barn, som definitivt kan få en utdannelse. Men denne utdannelsen ville til og med i de mest gunstige omgivelser ta såpass lang tid at vi kunne, som vi allerede har nevnt, fjerne våre egne vanskeligheter på andre måter lenge før prosessen ble fullbyrdet.

Assimilering, og med det forstår jeg ikke bare utvortes tilpasning i klær, vaner, skikker og språk, men også identitet i følelser og oppførsel – en assimilering av jødene kan bare finne sted ved blandede ekteskap. Men majoriteten av folket må føle behovet for blandede ekteskap; det er ikke tilstrekkelig at de bare er anerkjent i loven.

Liberalerne i Ungarn, som nettopp har gitt sin sanksjon til blandede ekteskap, har gjort en stor feil som et av de første tilfellene er en illustrasjon på: En døpt jøde giftet seg med en jødinne. Samtidig førte kampen for å oppnå dagens form for ekteskap til at forskjellene mellom jøder og kristne ble betonet, og dette hindret mer enn det hjalp til med å fusjonere rasene.

De som virkelig ønsket å se at jødene forsvant gjennom en blanding med andre nasjoner, kan bare håpe på at det vil finne sted på en måte. Jødene må først skaffe seg økonomisk makt til å overvinne de gamle sosiale fordommene mot dem. Aristokratiet kan være et eksempel på dette, for i de rekkene finner vi det proporsjonalt største antallet blandede ekteskap. De jødiske familiene som forgyller den gamle adelen med sine penger, blir gradvis absorbert. Men hvilken form ville dette fenomenet anta i middelklassen, der (jødene er et borgerlig folk) det jødiske spørsmålet først og fremst er konsentrert? En tidligere oppnåelse av makt kan være synonymt med det økonomiske overtaket som jødene allerede feilaktig anklages for å ha. Og hvis den makten som de nå har skaper sinne og forargelse blant antisemittene, hvilket utbrudd ville da en slik økning i makten skape? Dermed vil det første skrittet mot absorpsjon aldri bli tatt, for dette skrittet ville medføre at flertallet blir underlagt et hittil hånet mindretall, som verken har militær eller administrativ makt på egen hånd. Jeg mener derfor at det er usannsynlig at en absorpsjon av jødene gjennom deres rikdom vil finne sted. I land som nå er antisemittiske, vil synet mitt bli godtatt. I andre, der jødene nå føler seg komfortable, vil det antagelig bli voldsomt benektet av dem. Mine lykkelige religiøse frender vil ikke tro meg inntil jøde-plaging lærer dem sannheten, for jo lenger antisemittismen ligger i dvale, jo kraftigere vil den bryte ut. En infiltrasjon av innvandrende jøder, som er tiltrukket til et land med tilsynelatende trygghet, og de innfødte jødenes oppgang på den sosiale skalaen, vil sammen skape en revolusjon. Ingenting er klarere enn denne rasjonale konklusjonen.

Siden jeg har trukket denne konklusjonen med total likegyldighet til alt bortsett fra jakten på sannheten, vil jeg antagelig bli motsagt og mot-arbeidet av jøder som lever under lette omstendigheter. Så langt som bekymrede eller engstelige eiere mener at deres private interesser står i fare, kan vi trygt ignorere dem, for omsorgen for de fattige og undertrykte er viktigere enn deres. Men jeg vil fra begynnelsen av forhindre at det oppstår noen misforståelser, og spesielt feiloppfatningen om at prosjektet mitt, hvis det ble realisert, ville være til den minste skade på den eiendommen som jøder nå har. Jeg vil derfor forklare alt som har å gjøre med rettigheter til eiendommen til det fulle. Hvis planen min aldri blir noe mer enn et stykke litteratur, vil tingene forbli slik de er. Det kan kanskje være en mer rimelig protest at jeg gir antisemittisme et grep når jeg sier at vi er et folk – ett folk; at jeg hindrer jødenes assimilering der den er i ferd med å bli fullendt og setter den i fare der den er et fullbyrdet faktum, så langt som det er mulig for en enkelt skribent å hindre eller sette noe i fare.

Denne protesten vil spesielt bli framført i Frankrike. Den vil antagelig også bli gjort i andre land, men jeg vil først av alt kun svare de franske jødene, for dette er det mest slående eksemplet på det poenget jeg har.

Uansett hvor mye jeg tilber personlighet – mektig, individuell personlighet i statsmenn, oppfinere, filosofer eller ledere, i tillegg til den kollektive personligheten til en historisk gruppe mennesker, som vi kaller for en nasjon – uansett hvor mye jeg tilber personligheten, angrer jeg ikke på at den forsvinner. Den som kan, vil og må forgå, la ham forgå. Men jødenes spesielle nasjonalitet verken kan, vil eller må ødelegges. Den kan ikke

20

ødelegges, for eksterne fiender konsoliderer den. Den vil ikke bli ødelagt. Dette er tydelig etter to tusen år med forferdelig lidelse. Den må ikke ødelegges, og som en etterkommer etter utallige jøder som nektet å fortvile, prøver jeg enda en gang å bevise det i denne pamfletten. Hele grener av jødedommen kan visne og falle, men stammen vil forbli.

Derfor, hvis alle eller noen av de franske jødene protesterer mot denne planen på grunn av sin egen «assimilering», er svaret mitt enkelt: Dette handler ikke om dem i det hele tatt. De er jødiske franskmenn, og det er vel og bra. Dette er en privat-sak for jødene alene.

Den bevegelsen mot den organisasjonen av staten som jeg foreslår, ville selvfølgelig ikke såre jødiske franskmenn noe mer enn det ville skade de «assimilerte» i andre land. Det ville derimot være til deres klare fordel. For de ville ikke lenger bli forstyrret i sin «kromatiske funksjon», som Darwin uttrykker det, men ville være i stand til å assimileres i fred, for dagens antisemittisme ville være fjernet for alltid. De ville sikkert få æren av å ha blitt assimilert i dypet av sine sjeler, hvis de forble der de er etter at den nye jødiske staten, med alle sine overlegne institusjoner, var blitt en virkelighet.

De «assimilerte» ville tjene enda mer enn kristne innbyggere på at de trofaste jødene reiste, for de ville bli kvitt den foruroligende, uberegnelige og uunngåelige rivaliseringen med et jødisk proletariat, som er drevet av fattigdom og politisk press fra plass til plass, fra land til land. Dette flytende proletariatet ville bli stasjonært. Mange kristne innbyggere – som vi kaller for antisemitter – kan nå tilby bestemt motstand mot at utenlandske jøder får immigrere. Jødiske innbyggere kan ikke gjøre dette, selv om det påvirker dem på en mye mer direkte måte. For hos dem føler de først og fremst den skarpe konkurransen fra individer som holder på med lignende bransjer i industrien, som i tillegg enten innfører antisemittismen der den ikke eksisterer, eller forsterker den der den finnes. De «assimilerte» gir uttrykk for denne hemmelige misnøyen i «filantropiske» prosjekter. De organiserer emigrasjonsselskaper for vandrende jøder. Det er en annen side av dette bildet som hadde vært komisk, hvis det ikke var for at det handlet om mennesker. For noen av disse veldedige organisasjonene er opprettet ikke for, men mot forfulgte jøder. De er skapt for å sende bort disse stakkars skapningene så raskt og så langt vekk som mulig. Og dermed viser det seg når man ser nøye etter at mange av de som virker å være jødenes venner, egentlig ikke er noe mer enn en antisemitt av jødisk opprinnelse, forkledd som en filantrop.

Men forsøkene på kolonisering som til og med godhjertede menn har gjort, har så langt vært mislykket, selv om de har vært interessante. Jeg tror ikke at den ene eller den andre mannen påtok seg spørsmålet kun som en adspredelse, at de engasjerte seg i fattige jøders emigrasjon som man hengir seg til hesteveddeløp. Spørsmålet var altfor alvorlig og tragisk for å behandles på den måten. Disse forsøkene var interessante siden de på en liten skala

22

representerte de praktiske forløperne til tanken om en jødisk stat. De var også nyttige, for ut fra deres feil kan man sanke erfaring for å utføre en vellykket ide i en større skala. De har selvfølgelig også gjort skade. Overføringen av antisemittisme til nye distrikter, som er den uunngåelige konsekvensen av slik kunstig infiltrering, ser for meg ut som den minste av disse ondene. Mye verre er den omstendigheten at utilfredsstillende resultater sår tvil om intelligente mennesker. Det som er upraktisk eller umulig å gjennomføre i liten skala, trenger ikke nødvendigvis å være det i en større skala. Et lite prosjekt kan føre til et tap under samme forhold som vil føre til at et stort lønner seg. På en bekk kan man ikke engang kjøre små båter, men den elven som bekken renner inn i, bærer storslagne skip av jern.

Ingen mennesker er tilstrekkelig rike eller mektige til å transplantere en nasjon fra et bosted til et annet. Det er kun en ide som kan oppnå dette, og denne ideen om en stat kan ha den nødvendige kraften til å utrette det. Jødene har drømt denne kongelige drømmen gjennom alle netter i historien. «Neste år i Jerusalem» er det gamle uttrykket. Det er nå et spørsmål om å vise at drømmen kan omvandles til en levende virkelighet.

For å gjøre dette må man først helt og holdent slette mange gamle, forvokste, forvirrede og begrensede tanker fra menneskers sinn. Sløve hjerner kan for eksempel forestille seg at denne utgangen vil være fra siviliserte regioner til ørkenen. Det er ikke tilfelle. Den vil bli utført midt i sivilisasjonen. Vi vil ikke trekke oss til et lavere stadie; vi skal stige til et høyere. Vi vil ikke bo i jordhytter; vi vil bygge nye, vakrere og mer moderne hus og eie dem i trygghet. Vi vil ikke miste våre tilegnede eiendeler; vi vil realisere dem. Vi vil ikke oppgi våre fortjente rettigheter, kun forbedre. Vi vil ikke ofre våre kjære skikker; vi vil finne dem igjen. Vi vil ikke forlate vårt gamle hjem før det nye er forberedt for oss. Det er bare de som er sikre på at de vil forbedre sin stilling, som vil reise. De som nå er desperate, vil dra først, og etter dem de fattige, og dernest de vellykkede, og sist av alt de velstående. De som reiser på forhånd, vil heve seg selv til en høyere standard, som tilsvarer den hvis representanter vil komme om kort tid. Da vil utgangen samtidig være en stigning i klassene.

Jødenes avreise vil ikke medføre noen økonomiske forstyrrelser, ingen kriser, ingen forfølgelse. Faktum er at de landene som de forlater, vil vekkes til en ny periode med velstand. Det vil skje en indre migrasjon av kristne innbyggere til de stillingene som jøder forlater. Den utgående strømmen vil være gradvis, uten noen forstyrrelser, og den initiale bevegelsen vil sette en stopper for antisemittisme. Jødene vil reise som ærede venner, og hvis noen av dem vender tilbake, vil de få den samme velkomsten og behandlingen fra de siviliserte nasjonene som man gir alle utenlandske besøkere. Utgangen vil ikke ha noen likhet med en flukt, for det vil være en godt regulert bevegelse under den offentlige opinionens kontroll. Bevegelsen vil ikke bare bli igangsatt i absolutt overensstemmelse med loven, for den kan ikke engang bli utført uten et vennskapelig samarbeid fra de interesserte regjeringer, som ville få store fordeler fra den.

En sikkerhet for denne ideens integritet og energien i utførelsen av den vil bli funnet i opprettelsen av et selskap eller bedrift. Dette selskapet skal kalles for «Jødenes samfunn». I tillegg vil det finnes et Det jødiske selskapet, som er en økonomisk produktiv enhet.

Et individ som ville forsøke å påta seg denne store oppgaven alene, ville enten være en bedrager eller en gal mann. De personlige egenskapene til medlemmene i selskapet vil være en garanti for dets integritet, og selskapets adekvate kapital vil være et bevis på stabilitet.

Disse innledende bemerkningene er kun ment som et raskt svar på de massive protestene som selve ordene «jødisk stat» vil skape. Heretter skal vi gå langsommere fram for å svare på flere protester og forklare i detalj det som jeg hittil kun har gitt en indikasjon på. I i denne pamflettens interesse skal vi forsøke å unngå å gjøre det til en kjedelig teori. Korte, aforistiske kapitler vil derfor være det beste svaret på denne hensikten.

Hvis jeg vil erstatte en gammel bygning med en ny, må jeg rive ned før jeg kan bygge. Jeg skal derfor holde meg til denne naturlige sekvensen. I den første, generelle delen vil jeg forklare ideene mine, fjerne alle fordommer, fastslå de nødvendige politiske og økonomiske betingelsene og utvikle planen.

I den spesielle delen, som er inndelt i tre viktige seksjoner, skal jeg forklare hvordan den utføres. Disse tre seksjonene er: Det jødiske selskapet, Lokale grupper og Jødenes samfunn. Samfunnet skal opprettes først og selskapet sist. Men i denne utlegningen er motsatt rekkefølge foretrukket, for det er først og fremst bedriftens økonomiske muligheter som man vil stille spørsmålstegn ved, og man må først fjerne alle tvil om dette emnet.

I konklusjonen vil jeg forsøke å svare på alle andre protester som man muligens kan gjøre. Jeg håper at mine jødiske lesere vil følge meg tålmodig til slutten. Noen vil naturligvis komme med sine protester i en annen rekkefølge enn den som er valgt til å tilbakevise dem. Men alle dem som finner at tvilen blir fordrevet, bør gi sin troskap til saken.

Selv om jeg snakker om forstand, er jeg fullt klar over at forstand alene ikke vil være nok. Gamle fanger forlater ikke villig cellene sine. Vi skal se om de ungdommene som vi trenger, er tilgjengelige – ungdommene som uimotståelig drar fra de gamle, bærer dem fram på sterke armer og omvandler rasjonelle motiver til entusiasme.

Kapittel 2:
Det jødiske spørsmålet

Ingen kan fornekte hvilken alvorlig situasjon jødene er i. Overalt der de bor i merkbare tall, er de mer eller mindre forfulgt. Deres likhet for loven, som er gitt ved lov, er praktisk talt blitt et dødt brev. De er forhindret fra å innta til og med moderat høye stillinger, enten i hæren eller i en offentlig eller privat posisjon. Og det forekommer også forsøk på å kaste dem ut av forretningslivet: «Ikke kjøp fra jødene!»

Angrep i parlamentet, i forsamlinger, i pressen, på talerstolen, på gatene, på reiser – for eksempel hvordan de ekskluderes fra visse hoteller – til og med på steder for rekreasjon, blir flere for hver dag som går. Formen for forfølgelse varierer ettersom hvilke land og sosiale sirkler det skjer i. I Russland skriver man ut skatter for jødiske landsbyer. I Romania blir noen få personer drept. I Tyskland får de iblant juling. I Østerrike utøver antisemitter terrorisme over alt offentlig liv. I Algerie er de reisende urostiftere. I Paris blir jødene utestengt fra de såkalte beste sosiale lagene og ekskludert fra klubber. Skygger av anti-jødiske følelser er utallige. Men dette skal ikke være et forsøk på å lage en trist liste over jødiske vanskeligheter.

Jeg har ikke til hensikt å vekke medfølelse på våre vegne. Det ville være en tåpelig, nytteløs og uverdig framgangsmåte. Jeg vil nøye meg med å sette fram følgende spørsmål til jødene: Er det ikke sant at, i land der vi bor i merkbare antall, så blir situasjonen for jødiske advokater, leger, teknikere, lærere og ansatte av alle beskrivelser mer og mer utålelig for hver dag som går? Er det ikke sant at den jødiske middelklassen er alvorlig truet? Er det ikke sant at mobbens lidenskap er rettet mot våre velstående folk? Er det ikke sant at våre fattige lider enda større lidelser enn noe annet proletariat? Jeg tror at dette ytre presset blir følt overalt. I våre økonomiske øvre klasser skaper det ubehag, i våre middelklasser kontinuerlig og alvorlig angst, i våre lavere klasser absolutt fortvilelse.

Alt peker faktisk mot en og samme konklusjon, som er klart og tydelig forkynt i det klassiske uttrykket fra Berlin: «*Juden raus!*» (Ut med jødene!)

Jeg vil nå stille dette spørsmålet på den enkleste måten: Skal vi «komme oss ut» nå, og hvor?

Eller kan vi bli værende? Og hvor lenge?

La oss først hanskes med spørsmålet om å bli der vi er. Kan vi håpe på bedre dager, kan vi sitte med sjelen i tålmodighet, kan vi vente i gudfryktig resignasjon inntil jordas fyrster og folk er mer barmhjertig innstilt mot oss? Jeg sier at vi ikke kan håpe på en endring i dagens følelser. Og hvorfor ikke? Selv om vi hadde vært så nær fyrstenes hjerter som de andre undersåttene deres er, kunne de ikke ha beskyttet oss. De ville kun føle folkets hat ved å

28

vise oss altfor mye velvilje. Med «for mye» mener jeg faktisk mindre enn det som alle vanlige innbyggere eller alle raser krever som en rett. Alle de nasjonene som jødene bor midt blant, er enten åpent eller skjult antisemittiske.

Vanlige mennesker har ikke og kan ikke ha en forståelse for historien. De vet ikke at Middelalderens synder nå hjemsøker nasjonene i Europa. Vi er det som ghettoen gjorde oss til. Vi har oppnådd forrang i økonomien fordi tilstanden i Middelalderen drev oss til det. Den samme prosessen blir gjentatt nå. Vi blir atter en gang tvunget inn i finanser, og nå er det aksjemarkedet, ved å bli utvist fra andre grener av økonomisk aktivitet. Siden vi er på aksjemarkedet, blir vi dermed atter en gang utsatt for forakt. Samtidig fortsetter vi med å produsere et overskudd av middelmådige intellekter som ikke finner noen utvei, og dette setter vår sosiale stilling i fare like mye som vår økende rikdom. Utdannede jøder uten midler holder rakst på å bli sosialister. Dermed kommer vi sikkert til å lide meget i kampen mellom klassene, fordi vi står i de mest utsatte posisjonene i leirene til både sosialister og kapitalister.

TIDLIGERE FORSØK PÅ EN LØSNING

De kunstige midlene som man hittil har anvendt seg av for å overvinne jødenes problemer, har enten vært for stakkarslige – slik som forsøk på kolonisering – eller forsøk på å konvertere jødene til bønder i sine egne hjem.

Hva oppnår man ved å transportere noen få tusen jøder til et nytt land? Enten finner de sorg med en gang eller framgang, og da skaper framgangen antisemittisme. Vi har allerede diskutert disse forsøkene på å omplassere fattige jøder til nye distrikter. Denne avsporingen er åpenbart utilstrekkelig og nytteløs, hvis den da ikke faktisk beseirer sine egne mål. For den bare haler ut og utsetter en løsning, og den forverrer også kanskje problemene.

Den som forsøker å gjøre jøden til en fri jordbruker, vil gjøre en stor feil. For en bonde er i en historisk kategori, som er bevist av de klærne som han i noen land har hatt i flere århundrer, og av redskapene, som er identiske med dem som de tidligste forfedrene hans brukte. Plogen er uforandret. Han bærer frøene i forkleet, høster med den historiske ljåen og tresker med den ærverdige sliulen. Men vi vet at alt dette kan gjøres med maskiner. Spørsmålet om jordbruk er bare et spørsmål om maskiner. Amerika må beseire Europa på samme måte som store eiendommer absorberer små. Bonden er dermed en type som er på vei mot utryddelse. Der han blir bevart på kunstig måte, er det på grunn av de politiske interessene som han skal tjene. Det er absurd, og til og med umulig, å skape moderne bønder langs det gamle mønsteret. Ingen er rik eller mektig nok til å få sivilisasjonen til å ta et skritt tilbake. Det å bevare foreldede institusjoner er en så alvorlig oppgave at det krever alle de despotiske midler som en autokratisk styrt stat har til rådighet.

Skal vi derfor ha tiltro til jøder som er intelligente med et ønske om å bli bønder av den gammeldagse typen? Man kan like gjerne si til dem: «Her er ei bue. Gå ut i krigen!» Hva? Med ei bue, mens de andre har rifler og kanoner? Under disse omstendighetene har jødene all rett til å nekte å vekkes når folk prøver å gjøre dem til bønder. Ei bue er et vakkert våpen, som inspirerer meg med sørgmodige følelser når jeg har tid for det. Men den hører hjemme på et museum.

Det finnes distrikter dit jødene drar ut, eller i hvert fall er villige til å dra ut til og dyrke jorda. Og observasjonene viser at disse distriktene – slik som enklaven Hesse i Tyskland og noen provinser i Russland – disse distriktene er de viktigste setene for antisemittisme.

For verdens reformatorer, som sendte jødene til plogen, glemmer en viktig person, som har ganske mye å si om spørsmålet. Denne personen er jordbrukeren, og jordbrukeren er også berettiget. For skatten på land, risikoen med avlingen, presset fra store innehavere som gjør arbeidskraften billig og spesielt amerikansk konkurranse gjør livet hans vanskelig nok. Dessuten kan ikke skatten på korn fortsette med å øke for alltid. Heller ikke kan produsenten få lov til å sulte. Hans politiske innflytelse er faktisk på vei opp, og han må derfor behandles med ytterligere betraktninger.

Alle disse problemene er velkjente, og derfor henviser jeg bare raskt til dem. Jeg ville bare gi en tydelig indikasjon på hvor nytteløse tidligere innsatser har vært – de fleste av dem velmente – på å løse det jødiske spørsmålet. Verken en avledning av strømmen, eller en kunstig fordypning av det intellektuelle nivået hos vårt proletariat, vil overvinne vanskelighetene. Den angivelig ufeilbarlige hensikten med assimilering er allerede blitt behandlet.

Vi kan ikke få has på antisemittismen med noen av disse metodene. Den kan ikke dø så lenge årsakene ikke er fjernet. Kan de fjernes?

ÅRSAKER TIL ANTISEMITTISME

Vi vil ikke igjen røre ved de årsakene som er et resultat av temperament, fordommer og smale syn, men her vil vi bare begrense oss til politiske og økonomiske årsaker. Antisemittisme må ikke blandes sammen med den religiøse forfølgelsen av jødene i tidligere tider. Den inntar iblant en religiøs form i noen land, men den sterkeste strømmen i denne aggressive bevegelsen er nå endret. I de viktigste landene der antisemittisme råder, gjør den det som et resultat av emansipasjonen av jøder. Da siviliserte nasjoner våknet til hvor inhumant det var å ha diskriminerende lover og ga oss stemmerett, kom stemmeretten for seint. Det var ikke lenger mulig å fjerne uførheten i de gamle hjemmene våre. For merkelig nok hadde vi, da vi var i ghettoen, utviklet oss til et borgerlig folk, og vi tok et skritt ut fra det for å gå inn i sterk konkurranse med middelklassen. Dermed satte vår emansipasjon oss plutselig i denne sirkelen av middelklassen, der vi har dobbelt press for å berge oss, både innenfra og

32

utenfra. De kristne borgerne vil ikke være uvillige til å gjøre oss til et offer for sosialismen, selv om det ikke ville gjøre forholdene bedre.

Samtidig kan man ikke trekke tilbake jødenes like rett for loven når den en gang er blitt gitt. Ikke bare fordi tilbaketrekningen vil være i motsetning til ånden i vår tid, men også fordi det ville umiddelbart drive alle jøder, rike og fattige, inn i rekkene til undergravende partier. Ingenting effektivt kan faktisk ble gjort med vår skade. I gamle dager ble våre juveler beslaglagt. Hvordan skal man få tak på våre bevegelige eiendeler nå? Den består av trykte papirer som er innelåst en eller annen plass i verden, kanskje i kristnes kister. Det er selvfølgelig mulig å få tak i aksjer og obligasjoner i jernbaner, banker og industrielle foretak av alle beskrivelser gjennom skatter, og der den progressive inntektsskatten gjelder, kan man til slutt legge hånd på alle våre bevegelige eiendeler. Men alle disse innsatsene kan ikke rettes mot jødene alene, og der det allikevel kan skje, ville den umiddelbare konsekvensen være alvorlige økonomiske kriser, som ikke på noen måte ville være begrenset til jødene, som ville være de første til å bli påvirket. Selve umuligheten for å få has på jødene ernærer og skaper et bittert hat mot dem. Antisemittismen øker dag etter dag og time etter time blant nasjonene. Den er bundet til å øke, for årsaken til veksten fortsetter å eksistere og kan ikke fjernes. Den fjerntliggende årsaken er at vi mistet makten til assimilering i Middelalderen; den umiddelbare årsaken er vår overdrevne produksjon av middelmådige intellekter, som ikke kan finne et

33

utløp nedover eller oppover – det vil si, ingen sunne utløp i den ene eller den andre retningen. Når vi synker, blir vi et revolusjonært proletariat, de underordnede offiserene til alle revolusjonære partier; og samtidig når vi stiger, stiger også vår fryktelige makt over lommeboka.

ANTISEMITTISMENS RESULTATER

Den antisemittismen vi opplever gjør oss ikke bedre, for vi er ikke et fnugg bedre enn vanlige mennesker. Det er sant at vi ikke elsker våre fiender, men det er bare han som kan beseire seg selv, som tør å bebreide oss med den feilen. Undertrykkelse skaper naturligvis fiendskap mot undertrykkere, og vår fiendskap forverrer presset. Det er umulig å flykte fra denne evige sirkelen.

«Nei», vil noen bløthjertede visjonærer si. «Nei, det er mulig. Mulig gjennom menneskehetens endelige fullkommenhet.»

Er det nødvendig å påpeke hvilket sentimentalt dårskap dette synet er? Han som har grunnlagt håpet om bedre tilstander på menneskehetens endelige fullkommenhet, ville faktisk sette sin lit til et utopia.

Jeg henviste tidligere til vår «assimilering». Jeg vil ikke for ett eneste øyeblikk antyde at jeg ønsker meg et slikt mål. Vår nasjonale egenart er altfor historisk berømt, og på tross av all fornedring, altfor fin for at tilintetgjørelsen av den er ønskelig. Vi kan kanskje være i stand til å blande oss helt med rasene rundt omkring, hvis disse hadde latt oss i fred i to generasjoner. Men de vil ikke la oss i fred. I en liten periode klarer de å tolerere oss, og så bryter fiendskapen ut igjen og igjen. Verden er på en eller annen måte provosert av vår framgang, for den har i mange århundrer vært vant til å betrakte oss som de mest foraktelige blant de fattige. I sin uvitenhet og smale hjerter, kan de ikke se at framgangen svekker jødedommen og slokker særegenhetene. Det er bare press som tvinger oss tilbake til stammen fra foreldrene; det er bare hatet som omslutter oss som gjør oss til fremmede enda en gang.

Så om vi liker det eller ikke, er vi nå, og skal fra nå av forbli en historisk gruppe med en umis-kjennelig egenart som er felles for oss alle sammen.

Vi er ett folk – våre fiender har gjort oss til ett uten vår tillatelse, slik som det ofte har skjedd gjennom historien. Nøden binder oss sammen, og når vi er forenet, oppdager vi plutselig vår styrke. Ja, vi er sterke nok til å danne en stat, og faktisk en mønsterstat. Vi har alle menneskelige og materielle ressurser som er nødvendige for dette formålet.

Dette er derfor den rette plassen til å gi en oversikt over det som er blitt kalt vårt «menneske-lige materiale». Men det vil ikke bli verdsatt før vi først har snakket om de grove linjene i planen, som alt er avhengig av.

PLANEN

Hele planen er i grunnen perfekt enkel, siden den nødvendigvis må være hvis den skal kunne forstås i det hele tatt.

35

La suverenitet bli gitt oss over en del av jorda som er stor nok til å tilfredsstille de rettmessige kravene til en nasjon. Resten skal vi klare på egen hånd.

Skapelsen av en ny stat er verken latterlig eller umulig. Vi har i våre dager bevitnet prosessen der vi knyttes til nasjoner som ikke i stor grad var medlemmer av middelklassen, men fattigere, mindre utdannede og dermed svakere enn oss selv. Regjeringene i alle land som er plaget av antisemittisme, vil være sterkt interessert i å hjelpe oss med å oppnå den suvereniteten som vi vil ha.

Planen er enkel i sin utforming men komplisert i sin utførelse, og den vil bli utført av to forsamlinger: Jødenes samfunn og Det jødiske selskapet.

Jødenes samfunn vil gjøre det forberedende arbeidet på det politiske og vitenskapelige området, og Det jødiske selskapet vil senere anvende dette i praksis.

Det jødiske selskapet vil være den agenten som likviderer forretningsinteresser til jøder som reiser, og den vil organisere handel i det nye landet.

Vi må ikke forestille oss at jødenes avreise vil skje plutselig. Det vil skje gradvis, kontinuerlig og vil ta flere tiår. De fattigste vil reise først for å dyrke jorda. I overensstemmelse med en bestemt plan, vil de bygge veier, broer, jernbaner og installasjoner for telegrafen; regulere elvene; bygge sine egne boliger; arbeidet deres vil skape handel, handel vil skape markeder, og markeder vil tiltrekke seg nye bosettere, for hvert menneske vil reise frivillig, på egen regning og på egen risiko. Det arbeidet som utføres i landet, vil øke verdien av det, og jødene vil snart se at en nytt og permanent operasjonsfelt åpnes opp for den ånden av foretaksomhet som hittil bare er blitt møtt av hat og kritikk.

Hvis vi vil grunnlegge en stat i dag, skal vi ikke gjøre det på den måten som ville ha vært den eneste muligheten for tusen år siden. Det er tåpelig å falle tilbake til gamle stadier i sivilisasjonen, som mange sionister vil gjøre. Anta for eksempel at vi var forpliktet til å rydde et land for ville dyr, da ville vi ikke sette oss fore å utføre oppgaven på den måten som europeere gjorde det i det femte århundre. Vi ville ikke ha tatt spyd og lanse og gått ut alene på jakt etter bjørner. Vi ville ha organisert et stort og aktivt jaktparti, drevet dyrene sammen og kastet en pikrinbombe midt blant dem.

Hvis vi ønsker å utføre byggeprosjekter, skal vi ikke plante masse påler og pinner ved kysten til en innsjø, men vi vil bygge slik mennesker bygger nå. Vi vil bygge på en modigere og mer staselig stil enn det som noensinne er blitt gjort, for nå har vi de midlene som mennesker aldri tidligere har hatt.

De emigrantene som står lavest på den økonomiske skalaen, vil sakte følges av dem som er av en høyere grad. De som i dette øyeblikket lever i fortvilelse, vil reise først. De vil bli ledet av de middelmådige intellektene som vi produserer et stort overskudd av og som blir forfulgt overalt.

Denne pamfletten vil starte en generell diskusjon om det jødiske spørsmålet, men det betyr ikke at det vil bli votert over det. Et slikt resultat ville ødelegge saken fra begynnelsen av, og dissidenter må huske at troskap eller motstand er helt frivillig. Han som ikke vil bli med oss, bør være igjen.

La alle som er villige til å slutte seg til oss, falle inn bak vårt banner og kjempe for vår sak med røst og penn og gjerning.

De jødene som er enige med vår ide om en stat, vil feste seg til samfunnet, som dermed vil bli autorisert til å konferere og forhandle med regjeringer i vårt folks navn. Samfunnet vil dermed bli anerkjent i sitt forhold til regjeringene som en statsskapende makt. Denne anerkjennelsen vil i praksis skape staten.

Hvis maktene erklærer seg villige til å anerkjenne vår suverenitet over et nøytralt landområde, da vil samfunnet begynne forhandlinger for eierskapet av dette landet. Dermed er det to territorier som er under betraktning, Palestina og Argentina. I begge land er det blitt gjort viktige eksperimenter i kolonisering, selv om det er blitt utført på det feilslåtte prinsippet om en gradvis infiltrering av jøder. En infiltrering er nødt til å slutte dårlig. Den fortsetter inntil det uunngåelige øyeblikket når den innfødte befolkningen føler seg truet og tvinger regjeringen til å sette en stopper for en videre tilstrømning av jøder. Immigrasjon er dermed nytteløst hvis vi ikke har en suveren rett til å fortsette en slik immigrasjon.

Jødenes samfunn vil forhandle med de nåværende mesterne i landet, og de vil plassere seg under de europeiske maktenes beskyttelse, hvis det viser seg at de er vennligstilte til planen. Vi kan tilby dagens eiere av landet store fordeler, overta deler av den offentlige gjelden, bygge nye veier for trafikk, som vårt nærvær i landet vil gjøre nødvendig, og gjøre mange andre ting. Opprettelsen av staten vil være gunstig for tilstøtende land, for dyrkingen av et landområde øker verdien på de omkringliggende distriktene på utallige måter.

PALESTINA ELLER ARGENTINA?

Skal vi velge Palestina eller Argentina? Vi skal ta det som blir gitt oss og det som blir valgt av den jødiske opinionen. Samfunnet vil avgjøre begge disse punktene.

Argentina er et av de mest fruktbare landene i verden. Det strekker seg over et enormt område, har liten befolkning og et mildt klima. Den argentinske republikken ville hente betraktelig fortjeneste ved å avstå en del av territoriene til oss. Dagens infiltrasjon av jøder har produsert noe misnøye, og det vil være nødvendig å opplyse republikken om den spesielle forskjellen med vår egen bevegelse.

Palestina er vårt alltid minneverdige historiske hjem. Selve navnet Palestina ville tiltrekke folket med en fantastisk kraft. Hvis hans majestet sultanen ville gi oss Palestina, kunne vi i gjengjeld påta oss å regulere hele Tyrkias økonomi. Vi burde der danne en del av Europas voll mot Asia, en sivilisasjonens utpost i motsetning til barbari. Vi burde som en nøytral stat holde kontakt med hele Europa, som må garantere vår eksistens. Kristendommens helligdommer ville vært sikret ved å tilskrive dem en utenom-territorial status som er velkjent blant

39

nasjonenes lover. Vi burde danne en æresgarde for disse helligdommene og svare for fullbyrdelsen av denne plikten med vår eksistens. Denne æresgarden ville være symbolet på løsningen på det jødiske spørsmålet etter atten århundrer med jødisk lidelse.

KRAV, MEDIUM, HANDEL

Jeg skrev i forrige kapittel: «Det jødiske selskapet vil organisere handel i det nye landet.» Jeg vil her innsette noen merknader om det punktet.

En plan som min er i alvorlig fare hvis den blir motarbeidet av «praktiske» mennesker. «Praktiske» mennesker er som regel ikke noe mer enn mennesker som har sunket ned i den daglige rutinens spor. De er ikke i stand til å flykte fra den smale sirkelen med foreldede ideer. Samtidig kan deres motstridende meninger veie tungt, og de kan gjøre stor skade på et nytt prosjekt, i hvert fall inntil denne nye saken er sterk nok til å kaste de «praktiske» menneskene og deres mugne begreper til vinden.

I den tidligste perioden med konstruksjon av jernbaner i Europa, var noen «praktiske» mennesker av den oppfatning at det var dumt å bygge visse linjer «fordi det ikke engang var tilstrekkelig med passasjerer til å fylle postvognene». De innså ikke sannheten – som nå er åpenbar for oss alle – at reisende ikke produserer jernbaner, men tvert imot er det jernbaner som produserer reisende, hvis vi selvfølgelig tar den iboende etterspørselen for gitt.

Den manglende evnen til å fatte hvordan handel skal skapes i et nytt land som ennå ikke er blitt anskaffet og dyrket, kan klassifiseres sammen med den tvilen som «praktiske» mennesker har angående behovet for jernbaner. En «praktisk» person vil uttrykke seg omtrent på denne måten:

«Gitt at dagens situasjon for jødene på mange plasser er uutholdelig og forverres dag etter dag; gitt at det eksisterer et ønske om å emigrere; gitt at jødene faktisk vil emigrere til det nye landet; hvordan vil de tjene til livets opphold der, og hva vil de tjene? Hva skal de leve av der? Mange menneskers forretninger kan ikke organiseres på en kunstig måte på en dag.»

Til dette vil jeg svare: Vi har ikke den minste hensikt til å organisere handel på en kunstig måte, og vi burde definitivt ikke prøve å gjøre det på en dag. Men selv om det er umulig å organisere det, er det ikke umulig å fremme tanken om det. Og hvordan skal man oppmuntre til handel? Gjennom det medium som kalles for etterspørsel. Når etterspørselen er anerkjent, mediet er skapt, vil det skape seg selv.

Hvis det finnes et virkelig oppriktig ønske blant jødene for en forbedring i deres status; hvis det medium som skal skapes – Det jødiske selskapet – har tilstrekkelig makt, da vil handelen utbre seg fritt i det nye landet.

Kapittel 3:
Det jødiske selskapet

OMRISS

Det jødiske selskapet er delvis oppbygd som et stort selskap for å kjøpe opp land. Det kan kanskje kalles for Jødisk handelskompani, selv om det ikke kan utøve suveren makt og har andre enn de rent kolonialistiske oppgavene.

Det jødiske selskapet vil bli grunnlagt som et aksjeselskap under engelsk jurisdiksjon, dannet ifølge engelske lover og under Englands beskyttelse. Hovedkvarteret skal være i London. Jeg kan ennå ikke si hvor stort kapital selskapet trenger. Jeg vil overlate den utregningen til våre tallrike finansfolk. Men for å unngå tvetydighet, vil jeg sette det til tusen millioner mark. Det kan være enten mer eller mindre enn den summen. Former for tegning, som senere vil bli belyst, vil bestemme hvilken del av hele summen som må betales inn med en gang.

Det jødiske selskapet er en organisasjon med en midlertidig karakter. Det er en strikt økonomisk foretagende og må ikke blandes sammen med Jødenes samfunn.

43

Det jødiske selskapet vil først av alt konvertere alle interesser som de avreisende jødene etterlater seg. De metodene som benyttes vil forhindre at det oppstår kriser, sikre enhver manns eiendom, og legge grunnlaget for den indre migrasjonen av kristne innbyggere som allerede er blitt antydet.

UBEVEGELIGE EIENDELER

De ubevegelige eiendelene som er under betraktning, er bygninger, land og lokale forretningskontakter. Det jødiske selskapet vil i første hånd ikke påta seg mer enn de nødvendige forhandlinger for å gjennomføre salget av disse eiendelene. Dette jødiske salget skal skje fritt og uten et stort prisfall. Selskapets filialer i forskjellige byer vil være de sentrale kontorene for å selge jødiske eiendommer og vil kun utskrive en kommisjon på overføringene for å sikre den økonomiske stabiliteten.

Når denne prosessen finner sted kan det føre til et betraktelig fall i eiendomsprisene, og det kan til slutt bety at det blir umulig å finne et marked for det. På dette stadiet vil selskapet begi seg ut på en ny gren av sine funksjoner. Det vil overta ledelsen av overgitt eiendommer inntil den tiden da det kan kvitte seg med dem til størst mulig fortjeneste. Det vil ta imot husleie, leie ut tomter og innsette forretningsførere – og på grunn av det nødvendige tilsynet, vil disse om mulig også være leietakere. Selskapet vil overalt forsøke å legge til rette for at tomter blir overtatt av leietakerne, som er kristne. Det vil gradvis erstatte sine egne tjenestemenn i de europeiske filialene med kristne erstattere (advokater etc.). Og disse skal ikke på noen måte bli jødenes tjenere. De skal være frie representanter for den kristne befolkningen slik at alt kan utføres med rettferdighet, rimelighet og likestilling, og uten å sette folkets interne velferd i fare.

Samtidig vil selskapet selge eiendommer, eller isteden bytte dem ut. De vil bytte ett hus mot et hus i det nye landet, og de vil bytte land med land i det nye landet. Hvis mulig skal alt overføres til den nye marken i samme stand som det var i den gamle. Og denne overføringen skal være en sterk og anerkjent kilde til fortjeneste for selskapet. «Der borte» vil de husene som man tilbys å bytte til, være nyere, vakrere og utrustet med mer komfort, og landeiendommene skal ha større verdi enn de man har forlatt. Men det vil koste selskapet relativt lite, for de har kjøpt marken ganske rimelig.

KJØPE MARK

Det landet som Jødenes samfunn har sikret seg ved internasjonal lov, må selvfølgelig anskaffes privat.

De beslutninger som individer tar angående sin egen bosetning, kommer ikke under virksomheten til denne generelle beretningen. Men selskapet vil trenge store landområder til sine egne behov og våre, og disse må de sikre ved et sentralisert oppkjøp. De vil først og fremst forhandle om anskaffelsen av økonomiske områder, med et større mål om å overta eierskapet av landet «der borte» uten å betale en altfor høy pris, på samme måte som de selger her uten å godta en for lav pris. Tvungne priser skal ikke betraktes, for verdien på landet skal skapes av selskapet ved at de organiserer bosetningen i samarbeid med Jødenes samfunn. De sistnevnte vil passe på at foretaket ikke blir et Panama men et Suez.

Selskapet vil selge byggeplasser til en rimelig pris til sine tjenestemenn, og de vil tillate at de kan ta opp lån på disse for å finansiere hjemmene sine, og deretter trekke summen fra lønningene deres eller avskrive det på kontoen som en økt godtgjørelse. Dette vil i tillegg til den æren de forventer seg, være ytterligere lønn for tjenestene deres.

Hele den enorme fortjenesten av denne spekulasjonen i land vil gå til selskapet, som er bundet til å motta denne ubestemte premien i gjengjeld for å ha tatt risikoen ved oppgaven. Når oppgaven medfører en risiko, må fortjenesten gå til den som har båret den. Men fortjeneste vil ikke være tillatt under noen andre omstendigheter. Økonomisk moral består i sammenhengen mellom risiko og fortjeneste.

BYGNINGER

Selskapet vil dermed handle med hus og eiendommer. Det vil være åpenbart for alle som har sett at verdien på eiendommer øker når de dyrkes, at selskapet vil tjene på de eiendommene de anskaffer seg. Dette er aller mest tydelig når det gjelder lukkede landområder i byen og på landet. Områder der man ikke bygger øker i verdi ved å dyrke marken rundt omkring. De menneskene som utførte

46

utvidelsene i Paris, tjente på å spekulere i land, som var genialt enkel. Istedenfor å reise nye bygninger i den umiddelbare nærheten til de siste husene i byen, kjøpte de opp tilstøtende landområder og begynte å bygge i utkanten av disse. Denne omvendte rekkefølgen førte til at verdien av byggeplassene økte enormt raskt, og etter å ha fullført den ytre ringen, bygde de midt i byen på disse meget verdifulle eiendommene istedenfor å fortsette med å reise hus i utkanten.

Vil selskapet utføre byggingen selv eller ansette uavhengige arkitekter? De kan og vil gjøre begge deler. De har, som vi snart vil se, et stort reservat av arbeidskraft som ikke vil svettes for selskapet, men transporteres til lysere og lykkeligere tilstander i livet, og de vil uansett ikke være dyre. Våre geologer vil ha sett etter forsyninger av byggematerialer når de valgte plasser for byene.

Hva skal prinsippet for byggingen være?

ARBEIDERNES BOLIGER

Arbeidernes boliger (som inkluderer boligene til alle typer av arbeidere) vil reises på selskapets egen risiko og kostnad. De vil verken ligne på de melankolske arbeiderbrakkene i europeiske byer, ikke den elendige rekken med brakker som omgir fabrikker; de vil absolutt stå fram med et ensartet utseende, for selskapet må bygge billig der de anskaffer byggematerialene i stor grad. Men eneboligene i små hager vil bli forenet i attraktive grupper på hver plass. Landets naturlige former vil vekke våre unge arkitekters oppfinnsomhet, og selv om folket ikke klarer å gripe hele betydningen av planen, vil de i hvert fall føle seg til rette i sine løse klynger. Templet vil være synlig på langt hold, for det er bare vår eldgamle tro som har holdt oss sammen. Det skal være lyse, attraktive skoler for barn, utført etter de mest anerkjente moderne systemer. Det vil være skoler for etterutdannelse av arbeidere, som vil undervise dem om større teknologisk kunnskap og sette dem i stand til å bli kjent med maskineriets funksjon. Det vil være plasser med underholdning, og Jødenes samfunn vil ha ansvaret for at de fungerer korrekt.

Nå snakker vi imidlertid kun om bygningene og ikke om det som kan finne sted i dem.

Jeg sa at selskapet vil bygge billige boliger for arbeiderne. Og billig, ikke bare på grunn av nærheten til en overflod av byggematerialer, ikke bare på grunn av selskapets eierskap over plassene, men også fordi arbeiderne ikke får lønn.

Amerikanske bønder jobber etter systemet med gjensidig hjelp når det gjelder bygging av hus. Dette barnslig minnelige systemet, som er like klumpete som de blokkene som blir reist, kan utvikles langs mye finere linjer.

UFAGLÆRTE ARBEIDERE

Våre ufaglærte arbeidere, som først vil komme fra de store reservoarene i Russland og Romania, må selvfølgelig hjelpe hverandre med å bygge hus. De vil bli forpliktet til å bygge med tre i begynnelsen, for jern vil ikke være tilgjengelig umiddelbart. Senere vil de utilstrekkelige provisoriske bygningene bli erstattet av bedre boliger.

Våre ufaglærte arbeidere vil først gjensidig reise dette huslyet. Så vil de tjene sine hus som permanente eiendeler gjennom sitt arbeid – ikke umiddelbart, men etter tre år med god oppførsel. På denne måten vil vi skaffe oss energiske og dyktige menn, og disse mennene vil få praktisk opplæring for livet gjennom tre år med arbeid under god disiplin.

Jeg sa tidligere at selskapet ikke ville betale for disse ufaglærte arbeiderne. Hva skal de leve av?

I det store og hele er jeg motstander av trucksystemet, men det må komme til anvending når det gjelder disse første bosetterne. Selskapet forsørger dem på så mange måter at det kan ta ansvar for underholdet. I alle fall vil trucksystemet kun bli håndhevet de første få årene, og det vil være til arbeideres fordel ved at det forhindrer at de blir utnyttet av små handelsmenn, huseiere etc. Selskapet vil dermed gjøre at det blir umulig fra begynnelsen av at de blant folket som uunngåelig er kramkarer her, å gjenoppta det samme yrket der. Og selskapet vil også holde tilbake drukkenbolter og utsvevende menn. Så vil det ikke være noen betaling av lønninger i det hele tatt under den første perioden av bosetningen. Det vil selvfølgelig være lønn for overtid.

SJUTIMERSDAGEN

Sjutimersdagen er den alminnelige arbeidsdagen.

Dette betyr ikke at tømmerhogst, graving, steinbrudd og hundre andre daglige oppgaver kun skal utføres under sju timer. Virkelig ikke. Det vil være fjorten timer med arbeid, med jobb som utføres i skift på tre og en halv time. Organiseringen av alt dette skal være av militær art. Det vil finnes kommandoer, forfremmelser og pensjoner, og måten som disse pensjonene blir anskaffet, blir forklart senere.

En frisk man kan gjøre en god del konsentrert arbeid på tre og en halv time. Etter en pause av samme lengde – som han vil vie til hvile, til familien sin og til sin utdannelse under veiledning – vil han være ganske frisk til å jobbe igjen. Et slikt arbeid kan gjøre underverker.

Sjutimersdagen betyr dermed fjorten timer med felles arbeid – mer enn man kan gjøre på en dag.

Jeg er overbevist om at det er mulig å introdusere denne sjutimersdagen på en vellykket måte. Forsøkene på å gjøre det i Belgia og England er velkjente. Noen avanserte politiske økonomer som har studert emnet, erklærte at en femtimersdag ville være tilstrekkelig. Jødenes samfunn og Det jødiske selskapet vil i alle fall utføre nye og omfattende eksperimenter som vil være til gagn for de andre nasjonene i verden. Og hvis sjutimersdagen viser seg å være praktisk, vil den bli introdusert i staten vår i framtiden som den lovlige og alminnelige arbeidsdagen.

I mellomtiden vil selskapet alltid tillate at de ansatte får sjutimersdagen, og de vil alltid være i en situasjon at de kan gjøre det.

Sjutimersdagen vil være et rop for å tilkalle folket vårt i alle deler av verden. Alle må komme frivillig, for vårt land skal i sannhet være Løfteslandet.

Den som jobber lenger enn sju timer får den ekstra lønnen for overtid i kontanter. Siden alle hans behov er møtt, og at de medlemmene av familien hans som ikke er i stand til å jobbe er forsørget ved forflyttede og sentraliserte filantropiske institusjoner, kan han spare litt penger. Man burde oppfordre til sparsommelighet, som allerede er et av vårt folks særegenheter, for det vil først og fremst tilrettelegge for at individet kan stige til høyere grader, og for det andre vil penger spart være en viktig reserve for lån i framtiden. Overtid vil kun bli tillatt med legeerklæring, og det må ikke overstige tre timer. For våre mennesker vil kappes om å jobbe i det nye landet, og verden vil da se for et flittig folk vi er.

Jeg vil ikke forklare hvordan man utfører trucksystemet og heller ikke de utallige detaljene i noen prosess i frykt for å forvirre mine lesere. Kvinner vil ikke få tillatelse til å utføre krevende oppgaver eller å jobbe overtid.

Gravide kvinner vil bli fristilt fra alt arbeid og vil få næringsrik mat fra trucken. Vi vil at framtidens generasjoner skal være sterke menn og kvinner.

Vi vil utdanne barna slik vi ønsker fra begynnelsen av, men dette vil jeg heller ikke utbrodere.

Mine bemerkninger om arbeiders boliger og ufaglærte arbeidere og deres livsstil, er ikke noe mer utopisk enn resten av planen min. Alt jeg har snakket om blir allerede utført i praksis, bare på en meget liten skala, verken lagt merke til eller forstått. «Assistance par le travail», som jeg lærte å kjenne og forstå i Paris, var av stor nytte for meg for å finne løsningen på det jødiske spørsmålet.

BISTAND VED ARBEID

Systemet med bistand ved arbeid, som nå blir anvendt i Paris, i mange andre franske byer, i England, i Sveits og i Amerika, er en liten ting men kan benyttes for den største ekspansjon.

Hva er prinsippet med bistand ved arbeid?

Prinsippet er å utstyre alle trengende mennesker med lett, ufaglært arbeid, slik som å hogge ved eller å skjære kvister som man benytter til å tenne ild i komfyrene i hjemmene i Paris. Dette er en slags fangearbeid før forbrytelsen, og det utføres uten tap av karakter. Det er ment å forhindre mennesker fra å ty til forbrytelser på grunn av mangler, ved å gi dem arbeid og prøve om de er villige til å gjøre det. Sult må aldri få lov til å drive mennesker til selvmord, for slike selvmord er den dypeste vanære for en sivilisasjon som tillater at rike mennesker kan kaste godbiter til hundene sine.

Bistand ved arbeid gir dermed alle en jobb. Men systemet har en stor mangel. Det finnes ikke tilstrekkelig stort behov for produksjon av de ufaglærte arbeiderne som er ansatt, fordi det er et tap for dem som ansetter dem, selv om det er sant at organisasjonen er filantropisk og dermed forberedt på tap. Men her ligger velgjerning kun i forskjellen mellom den prisen som er betalt for arbeidet og den faktiske verdien. Istedenfor å gi tiggeren to skjerver, gir institusjonen ham en jobb der de taper to skjerver. Men samtidig forvandler det den nytteløse tiggeren til en ærlig familieforsørger, som kanskje har tjent 1 frank og 50 centimes. 150 centimes for 10! Det vil si, en mottaker til en velgjerning der det ikke finnes noe ydmykende har økt det femten ganger. Det vil si, femten tusen millioner for ett tusen millioner.

Institusjonen taper 10 centimes. Men Det jødiske selskapet vil ikke tape ett tusen millioner. De vil skaffe seg stor fortjeneste fra disse utgiftene.

Det finnes også en moralsk side. Det lille systemet med bistand ved arbeid som nå eksisterer, bevarer rettskaffenheten gjennom industri til en slik tid da mannen som ikke har jobb, finner en stilling som passer hans egenskaper, enten i sin gamle bransje eller i en ny. Han får noen få timer hver dag for det formålet å se etter en ny plass, og institusjonene hjelper ham med denne oppgaven.

Problemet med disse små organisasjonene har så langt vært at de ikke har hatt tillatelse til å gå til konkurranse mot tømmerselgere etc. Tømmersel-gere er velgere; de ville protestere og ville være berettiget til å protestere. Konkurranse med statens fangearbeid har også vært forbudt, for staten må ansette og fø sine kriminelle.

Det finnes faktisk veldig lite rom i et samfunn som allerede er etablert, for å lykkes med systemet «assistance par le travail».

Men det finnes rom i et nytt samfunn.

For først av alt trenger vi store skarer av ufaglærte arbeidere til å gjøre den første grove jobben i bosetningen, til å legge veier, plante trær, jevne marken, bygge jernbaner, telegrafinstallasjoner etc. Alt dette vil bli utført i overensstemmelse med en stor og tidligere nedfelt plan.

HANDEL

Den handelen som man fører med seg til det nye landet, vil naturligvis skape handel. De første markedene vil kun levere bare det som er aller mest nødvendig i livet: buskap, korn, arbeidsklær, redskap, våpen – for å nevne noen få ting. Disse vil vi være forpliktet til å skaffe i begynnelsen fra nabostatene eller fra Europa. Men vi vil gjøre oss selv uavhengige så snart som mulig. De jødiske entreprenørene vil snart innse hvilke muligheter for forretninger som det nye landet tilbyr.

Hæren av selskapets tjenestemenn vil gradvis innføre mer raffinerte krav til livet. (Blant tjenestemenn er offiserer i vårt forsvar inkludert, og de vil alltid utgjøre en tiendedel av våre mannlige kolonister. De vil være tilstrekkelig mange til å slå ned på mytteri, for majoriteten blant kolonistene vil være fredsommelig innstilt.)

De raffinerte kravene til livet som våre tjenestemenn i gode stillinger vil introdusere, vil skape et tilsvarende forbedret marked som vil fortsette med å bli bedre på egen hånd. Den gifte mannen vil sende bud på kone og barn og den ugifte etter sine foreldre og slektninger så snart det nye hjemmet er etablert «der borte». De jødene som emigrerer til USA, går alltid fram på denne måten. Så snart som en av dem har et daglig brød og tak over hodet, sender han bud på folkene sine, for familiebåndene er sterke blant oss. Jødenes samfunn og Det jødiske selskapet vil forenes i å ta hånd om og styrke familien enda mer, ikke bare moralsk men også materielt. Tjenestemennene vil få ytterligere betalt når de gifter seg og barna blir født, for vi trenger alle som er der og alle som vil følge etter.

ANDRE KLASSER MED BOLIGER

Jeg har tidligere kun beskrevet arbeidernes boliger som er bygd av dem selv, og jeg har utelatt alle andre klasser med boliger. Nå skal jeg berøre disse. Selskapets arkitekter vil også bygge for de fattigere klassene med innbyggere, med betaling *in natura* eller kontanter. Man vil reise og selvfølgelig også gjenta omtrent hundre forskjellige typer hus. Disse vakre eksemplene vil danne en del av vår propaganda. Selskapet vil garantere en solid konstruksjon, og de vil ikke tjene noe på å selge dem til bosettere for en fastsatt sum. Og hvor skal disse husene ligge? Det vil vi vise i den delen som handler om de lokale gruppene.

Siden selskapet ikke vil tjene noe på byggeaktivitet men kun på landet, vil de trenge så mange arkitekter som mulig til å bygge etter private kontrakter. Dette systemet vil øke verdien av land-eiendommene, og det vil innføre luksus, som tjener mange hensikter. Luksus oppmuntrer til kunst og

industri, og det forbereder veien for en ny under-
avdeling av store eiendommer.

Rike jøder som nå er forpliktet til å holde sine
verdigjenstander hemmelig, og å holde sine
kjedelige banketter bak stengte gardiner, vil kunne
nyte sine eiendommer i fred «der borte». Hvis de
samarbeider med å utføre denne planen for emigra-
sjon, vil kapitalen deres bli rehabilitert og vil ha
tjent til å fremme et enestående foretak. Hvis de rike
jødene i de nye bosettingene begynner å gjenopp-
bygge sine herskapshus som man stirrer på i Europa
med slike misunnelige øyne, vil det snart bli
fasjonabelt å bo der borte i vakre, moderne hus.

EN FORM FOR LIKVIDERING

Det jødiske selskapet skal være mottager og admini-
strator for jødenes ikke-overførbare gods.

Man kan lett forestille seg hvilke metoder og
framgangsmåter de vil ha når det gjelder hus og
eiendommer, men hvilke metoder vil de bruke til å
overføre forretninger?

Her kan man finne utallige prosesser som
praktiske, og vi kan ikke utbrodere alle i dette
utkastet. Men ingen av dem vil føre til store
problemer, for i alle tilfeller vil forretningsmannen,
når han frivillig bestemmer seg for å emigrere,
inngå en avtale med selskapets tjenestemenn i sitt
distrikt om den mest fordelaktige formen for
likvidering.

Dette vil være enklest å arrangere når det gjelder
små arbeidsgivere, og i deres handel er eierens

personlige aktivitet av størst betydning, mens gods og organisering er av mindre betydning. Selskapet vil opprette et visst operasjonsfelt for emigrantens personlige aktiviteter, og de vil erstatte eiendelene hans med en eiendom og lån av maskiner. Jøder er kjent for at de kan tilpasse seg med bemerkelses- verdig letthet til alle former for å tjene til livets brød, og de vil raskt lære seg å utføre en ny type industri. På denne måten vil et antall små handelsmenn bli små landeiere. Selskapet vil faktisk være rede til å bære det som virker som et tap når de overtar de ikke-overførbare eiendelene til de fattigste emigrantene, for de vil dermed tilskynde dyrkingen av landområder, som øker verdien av tilstøtende eiendommer.

I forretninger av medium størrelse, der gods og organisasjonen er like eller til og med mer viktige enn sjefens personlige aktiviteter, og de mange forbindelsene hans er også ikke-overførbare, er det mulig med forskjellige former for likvidering. Her kommer muligheten for den indre migrasjonen av kristne innbyggere til stillinger som jødene har forlatt. De reisende jødene vil ikke miste æren for sine personlige forretninger, men han vil bære det med seg og gjøre god bruk for det i et nytt land der han kan etablere seg. Det jødiske selskapet vil åpne en bankkonto for ham. Og han kan selge velviljen til den opprinnelige forretningen eller gi den til sjefer under oppsyn av selskapets tjenestemenn. Sjefene kan leie forretningen eller kjøpe den ved å betale på avdrag. Men selskapet opptrer midlertidig som kurator for emigrantene i inspeksjoner, gjennom sine tjenestemenn og advokater, gjennom administrasjonen av deres anliggender og ved å passe på at alle betalinger blir utført.

Hvis en jøde ikke kan selge forretningen eller betro den til en representant eller ønsker å oppgi det personlige styret, kan han bli der han er. De jødene som blir vil ikke få det verre, for de vil bli kvitt konkurransen fra dem som reiser og vil ikke lenger høre det antisemittiske ropet: «Ikke kjøp fra jødene!»

Hvis den emigrerende forretningsmannen ønsker å utføre den gamle forretningen i det nye landet, kan kan gjøre forberedelser til det fra begynnelsen av. Et eksempel kan illustrere det jeg mener: Firmaet X har en forretning i tørrvarer. Sjefen for firmaet ønsker å emigrere. Han begynner ved å opprette en filial på den plassen han snart vil flytte til og sender prøver på varene. De første fattige bosetterne vil være de første kundene hans, og de vil bli etterfulgt av emigranter fra en høyere klasse, som krever bedre varer. X sender så nyere varer og sender til slutt sine nyeste. Filialen begynner å lønne seg mens hovedkontoret fortsatt eksisterer slik at X til slutt har to forretninger som lønner seg. Han selger den opprinnelige forretningen eller overleverer den til kristne representanter som kan styre den, og reiser for å ta hånd om den nye.

Et annet godt eksempel: Y og sønn er viktige handelsmenn i kullbransjen med sine egne gruver og fabrikker. Hvordan skal man likvidere en så stor og komplisert eiendom? Gruvene og alt som har med dem å gjøre, kan for det første bli kjøpt opp av staten der de ligger. For det andre kan Det jødiske selskapet overta dem og betale for dem delvis med landområder og delvis med kontanter. En tredje metode kan være å omgjøre Y og sønn til et aksjeselskap. En fjerde metode kan være at forretningene fortsetter under de opprinnelige eierne, som vil vende tilbake med fastsatte mellomrom for å inspisere eiendommen som utlendinger, og dermed under beskyttelse av loven i alle siviliserte stater. Alle disse forslagene blir utført hver dag. En femte og utmerket metode, og en som kan bli spesielt lønnsom, vil jeg bare gi en indikasjon på, for dagens eksempler på at det fungerer er få, uansett hvor rede den moderne bevisstheten er til å godta den. Y og sønn kan selge bedriften til en kollektiv gruppe med sine ansatte, som vil danne et kooperativ med begrenset ansvar, og de kan kanskje betale den nødvendige summen med hjelp av finansdepartementet, som ikke krever mye i renter.

De ansatte ville så gradvis betale tilbake lånet, som enten regjeringen eller Det jødiske selskapet, eller til og med Y og sønn, hadde gitt dem.

Det jødiske selskapet vil være rede til å utføre overføringen av både de minste og de største transaksjoner. Og samtidig som jødene emigrerer i stillhet og oppretter sine nye hjem, fungerer selskapet som et kontrollerende organ som organiserer avreisen, tar ansvar for forlatte eiendeler, garanterer en korrekt gjennomføring av bevegelsen med sine egne synlige og håndgripelige eiendeler og sørger for permanent trygghet for dem som allerede har slått seg ned.

SELSKAPETS SIKKERHET

Hvilken forsikring vil selskapet tilby om at de landene som blir forlatt ikke vil forårsake utarming og skape økonomiske kriser?

Jeg har allerede nevnt at ærlige antisemitter, som bevarer sin uavhengighet, vil sammen med våre tjenestemenn kontrollere overføringen av våre eiendommer.

Men statens inntekter kan lide ved tapet av en gruppe skattebetalere som, selv om de ikke er særlig verdsatt som innbyggere, er høyt verdsatt i finansene. Staten burde dermed få kompensasjon for dette tapet. Dette gir vi dem indirekte ved å etterlate oss i landet forretninger som vi har bygd opp med jødisk sans og jødisk flid, ved at vi lar kristne innbyggere ta over våre gamle stillinger, og dermed legger vi til rette for at et antall mennesker kan stige til høyere velstand på en fredsommelig og enestående måte. Den franske revolusjonen fikk se lignende resultater i liten skala, men den ble innført med giljotinens blodsutgytelse i alle provinser i Frankrike og på Europas slagmarker. Arvede og ervervede rettigheter ble også ødelagt, og kun kløktige kjøpere kunne berike seg ved å kjøpe opp statens eiendommer.

Det jødiske selskapet vil tilby staten det som havner innenfor sin sfære av aktiviteter, både direkte og indirekte fordeler. Det vil gi regjeringer første tilbud på forlatte jødiske eiendommer og gi kjøperne de gunstigste vilkår. Regjeringer vil i sin tur kunne benytte denne vennlige tilegnelsen av land for enkelte sosiale forbedringer.

Det jødiske selskapet vil tilby sin assistanse til regjeringer og parlamenter i deres forsøk på å dirigere den indre migrasjonen av kristne innbyggere.

Det jødiske selskapet vil også betale tunge skatter. Det sentrale kontoret vil ligge i London slik at det er under den juridiske beskyttelsen av en makt som i øyeblikket ikke er antisemittisk. Men hvis selskapet får offisiell og delvis offisiell støtte, vil det skape et bredt grunnlag for skatter. For dette formålet vil de opprette filialer overalt som kan betale skatt. Videre vil de betale doble avgifter på den doble overføringen av eiendeler som de gjennomfører. Til og med i transaksjoner der selskapet ikke er noe mer enn et meglerbyrå, vil de midlertidig framstå som en kjøper, og de vil bli oppført som en midlertidig eier i registeret over landeiendommer.

Dette er selvfølgelig rent matematiske spørsmål. Det må vurderes og bestemmes på hver plass hvor langt selskapet kan gå uten å risikere konkurs. Og selskapet selv vil samtale fritt med finansministrene om de forskjellige punktene. Ministere vil anerkjenne den vennlige ånden i vårt foretak, og de vil dermed tilby oss alle fasiliteter som står i deres makt, og som vi trenger for å lykkes med det store oppdraget.

Videre og direkte fortjeneste vil nå regjeringene fra transporten av passasjerer og gods, og der jernbanen er statseiendom, vil avkastningen umiddelbart bli anerkjent. Der de er i hendene på private selskaper, vil Det jødiske selskapet få gunstige betingelser for transportene på samme måte som alle som sender gods i stor skala. Frakt og transport må være så billig som mulig for folket, for alle reisende må betale for sine egne utgifter. Middelklassen vil reise på Cooks billetter og de fattige klassene med emigrantenes tog. Selskapet kan gjøre en god handel ved rabatter på passasjerer og gods, men her som alltid, må de holde fast på prinsippet om ikke å heve kvitteringene til en større sum enn det som dekker arbeidets utgifter.

På mange steder har jødene kontrollen over transportene, og transportselskapene vil være de første som selskapet trenger og de første som de likviderer. De opprinnelige eierne til disse bedriftene vil enten gå inn i selskapets tjeneste eller etablere seg uavhengig «der borte». De nyankomne vil definitivt trenge deres hjelp, og yrket deres er et yrke som de kan og faktisk må utføre der for å tjene til livets brød, og dermed vil mange av disse entreprenørene reise. Det er unødvendig å beskrive alle detaljer i forretningene til denne kolossale ekspedisjonen. De må utvikles klokt ut fra den opprinnelige planen av mange dyktige mennesker, som må benytte hjernene sine til å oppnå det beste systemet.

NOEN AV SELSKAPETS AKTIVITETER

Mange aktiviteter vil være overlappende. For eksempel vil selskapet gradvis introdusere produksjon av varer inn i bosettingene, som selvfølgelig vil være veldig primitive i starten. Klær, laken og sko vil først og fremst bli produsert for våre egne fattige emigranter, som vil motta nye sett med klær på de forskjellige europeiske emigrasjonssenterne. De vil ikke motta disse klærne som almisser, som kan såre stoltheten deres, men i bytte mot gamle klær. Ethvert tap som selskapet lider av denne transaksjonen, vil bli oppført som et tap i forretningene. De som er helt uten midler, vil betale ned gjelden til selskapet ved å jobbe overtid til en rimelig lønn.

Eksisterende fellesskap for emigrasjon vil kunne gi verdifull assistanse her, for de vil gjøre for selskapets kolonister det samme som de tidligere gjorde for reisende jøder. Det vil bli lett å finne formen for et slikt samarbeid.

Til og med de nye klærne til de fattige bosetterne vil ha en symbolsk betydning: «Du går nå inn i et nytt liv.» Jødenes samfunn vil passe på at lenge før avreise og også under reisen vil det fostres en seriøs og samtidig festlig stemning gjennom bønn, populære leksjoner, instrukser om målet med ekspedisjonen, instrukser om hygieniske spørsmål for det nye bostedet og ledelse angående framtidens jobb. For Løfteslandet er et land for arbeid. Ved ankomst vil emigrantene bli ønsket velkommen av våre viktigste tjenestemenn med en passende høytidelighet, men uten tåpelig jubel, for Løftes-

63

landet er ennå ikke blitt inntatt. Men disse fattige menneskene burde allerede se at de er hjemme.

Selskapets konfeksjonsindustri vil selvfølgelig ikke produsere varene uten korrekt organisasjon. Jødenes samfunn vil motta informasjon fra de lokale filialene om antallet, kravene og ankomstdatoen for bosetterne, og de vil kommunisere all denne informasjonen i god tid til Det jødiske selskapet. På denne måten vil det være mulig å forsørge dem med alle forholdsregler.

FREMME INDUSTRIER

Pliktene til Det jødiske selskapet og Jødenes samfunn kan ikke holdes separat i dette utkastet. Disse to enhetene må arbeide unisont hele tiden. Selskapet er avhengig av moralsk autoritet og støtte fra samfunnet, akkurat som samfunnet ikke kan klare seg uten selskapets materielle assistanse. For eksempel når det gjelder å organisere konfeksjonsindustrien, vil det antallet som blir produsert, i begynnelsen bli holdt nede for å bevare likevekt mellom tilbud og etterspørsel. Og der selskapet påtar seg å organisere nye industrier, må man utvise de samme forholdsreglene.

Men individuelle bedrifter må aldri kontrolleres av selskapet med sin overlegne makt. Vi vil kun jobbe kollektivt når de store utfordringene i oppgaven krever felles handling. Vi vil, der det er mulig, samvittighetsfullt respektere individets rettigheter. Privat eiendom, som er det økonomiske grunnlaget for uavhengighet, skal utvikles fritt og respekteres av oss. Våre første ufaglærte arbeidere vil umiddelbart ha muligheten til å jobbe seg opp til privat eierskap.

En ånd av entreprenørskap må oppmuntres på alle mulige måter. Organisering av industrier vil fremmes av et rettferdig system med plikter, ved å benytte seg av billige råvarer, og ved opprettelsen av et styre for å samle og offentliggjøre statistikk om industriene.

Men denne ånden av entreprenørskap må oppmuntres på en vis måte, og risikabel spekulasjon må unngås. Enhver ny industri må annonseres lenge før den blir opprettet, slik at vi kan forhindre fiasko for de som kan ønske å starte en lignende forretning seks måneder senere. Når en ny industri blir opprettet, skal selskapet informeres slik at alle de interesserte kan motta informasjon derfra.

Industrimenn vil kunne benytte seg av sentraliserte arbeidsformidlinger, som kun vil motta en kommisjon som er tilstrekkelig stor til å sikre at de kan fortsette. Industrimennene kan for eksempel telegrafere etter 500 ufaglærte arbeidere i tre dager, tre uker eller tre måneder. Arbeidsformidlingen vil så samle sammen disse 500 ufaglærte arbeiderne fra alle mulige kilder og sende dem med en gang for å utføre jobben i jordbruket eller industrien. Partier med arbeidere vil dermed utvelges systematisk fra plass til plass som en gruppe med tropper. Disse mennene vil selvfølgelig ikke jobbe svetten av seg, men vil kun jobbe sju timer per dag. Og på tross av at de flytter på seg, vil de bevare sin organisasjon, jobbe sin tjenestetid og motta kommandoer, forfremmelser og pensjoner. Noen foretak kan selvfølgelig finne arbeidere fra andre kilder hvis de vil, men det vil ikke bli lett å gjøre det. Samfunnet vil kunne forhindre at det introduseres ikke-jødiske arbeidsslaver ved å boikotte sta arbeidsgivere, ved å stoppe trafikken og med flere andre metoder. Sjutimersarbeiderne vil derfor bli ansatt, og vi vil derfor lede folket inntil de gradvis og uten tvang innfører den normale sjutimersdagen.

OPPGJØR FOR FAGLÆRTE ARBEIDERE

Det er åpenbart at det som kan gjøres for ufaglærte arbeidere, også kan gjøres enda enklere for faglærte arbeidere. Disse vil jobbe under lignende regler på fabrikkene, og den sentrale arbeidsformidlingen vil anskaffe dem når det er behov for det.

Uavhengige operatorer og små arbeidsgivere må få grundig undervisning på grunn av den raske framgangen i vitenskapelige forbedringer, må anskaffe teknisk kunnskap selv om de ikke lenger er veldig unge, og de må studere vannets makt og verdsette elektrisitetens kraft. Uavhengige arbeidere må også oppdages og anskaffes av samfunnets formidling. Den lokale filialen vil for eksempel søke til det sentrale kontoret: «Vi trenger så mange snekkere, låsesmeder, glassmestere etc.» Det sentrale kontoret vil offentliggjøre dette behovet, og de rette mennene vil søke om jobben der. Disse ville deretter reise med familiene sine til den plassen der de var ønsket og ville bli der uten å føle press fra

utilbørlig konkurranse. Et permanent og komforta-
belt hjem ville dermed bli gitt dem.

METODER FOR Å SKAFFE KAPITAL

Den kapitalen som er påkrevd for å opprette
selskapet, ble tidligere fastsatt til noe som så ut som
et absurd høyt tall. Den summen som man faktisk
trenger, vil bli fastsatt av finansfolk, og det vil i alle
fall være en betraktelig sum. Det er tre måter å
samle inn denne summen på, og alle disse vil
samfunnet ta opp til vurdering. Samfunnet, jødenes
store «gestor», skal dannes av våre beste og mest
oppriktige mennesker, som ikke må høste noen
materielle fordeler av medlemskapet. Selv om sam-
funnet fra begynnelsen av kun kan ha moralsk
autoritet, vil denne autoriteten være tilstrekkelig til
å etablere tillit til Det jødiske selskapet i nasjonens
øyne. Det jødiske selskapet vil ikke være i stand til
å lykkes i sitt foretak hvis de ikke har fått
samfunnets sanksjon. Det skal dermed ikke dannes
av enhver ukritisk gruppe med finansfolk. For
samfunnet vil veie, velge og bestemme, og de vil
ikke gi sitt bifall før de er sikre på at det eksisterer
et solid grunnlag for en pliktoppfyllende utførelse
av planen. De vil ikke tillate eksperimenter med
utilstrekkelige midler, for denne oppgaven må
lykkes på første forsøk. Ethvert feiltrinn i
begynnelsen vil kompromittere hele ideen i mange
tiår i framtiden, eller vil kanskje til og med gjøre at
en realisering blir permanent umulig.

De tre metodene for å samle kapital er: (1) Gjennom store banker. (2) Gjennom små og private banker. (3) Gjennom offentlig tegning.

Den første metoden for å samle kapital er: Gjennom store banker. Den påkrevde summen kan da bli anskaffet på kortest mulig tid blant de store finansielle gruppene etter at de har diskutert om planen er tilrådelig. Den store fordelen med denne metoden ville være at man ville unngå behovet for å betale flere tusen millioner (for å holde oss til det opprinnelige tallet) umiddelbart i sin helhet. En annen fordel vil være at disse mektige finansinstitusjonenes tillit også ville tjene foretaket. Det ligger mange latente politiske krefter i vår økonomiske makt, den makten som våre fiender hevder er så effektiv. Det kan være slik, men det er faktisk ikke det. For jøder føler kun det hatet som denne økonomiske makten provoserer fram. De har ennå ikke følt nytten ved at den kan lindre deres lodd som en gruppe. Tilliten til våre store jødiske finansfolk måtte ha blitt plassert til tjeneste for den nasjonale ideen. Men hvis disse herrene, som er ganske tilfreds med sin lodd, føle seg indisponert til å gjøre noe for sine jødiske landsmenn, som urettmessig må stå til ansvar for alle eiendelene til visse individer, da vil realiseringen av denne planen tilby en mulighet til å trekke en klar linje av forskjeller mellom dem og resten av jødene.

De store finansfolkene vil dessuten definitivt ikke bli bedt om å samle inn en sum som er så stor på grunn av rene filantropene motiver. Det ville være å forvente altfor mye. Initiativtakerne og aksjeeierne til Det jødiske selskapet kan dermed forvente seg å gjøre en god handel, og de vil kunne regne ut på forhånd hvilke sjanser for suksess de antagelig vil ha. For Det jødiske selskapet vil være i besittelse av alle dokumenter og henvisninger som kan definere prospektet for Det jødiske selskapet. Samfunnet vil spesielt ha utført nøyaktige undersøkelser om omfanget av den jødiske bevegelsen, slik at man kan gi initiativtakerne til selskapet grundig og troverdig informasjon om størrelsen på den støtten de kan forvente seg. Samfunnet vil også gi Det jødiske selskapet omfattende moderne jødisk statistikk og dermed gjøre jobben til det som i Frankrike blir kalt for «societé d'études», som utfører all midlertidig forskning i forkant av finansieringen av store oppgaver. Allikevel kan ikke foretaket motta verdifull assistanse fra våre pengerike magnater. Disse vil kanskje til og med prøve å motarbeide den jødiske bevegelsen gjennom sine hemmelige agenter. En slik motstand skal vi møte med ubønnhørlig besluttsomhet.

Anta at disse magnatene er fornøyd med å ganske enkelt vende tommelen ned for denne planen med et smil.

Er det dermed ferdig?

Nei!

For da vil pengene bli anskaffet på en annen måte – gjennom en appell til moderat rike jøder. De mindre jødiske bankene må stå sammen i den nasjonale ideens navn mot de store bankene inntil de ble samlet til en andre og formidabel økonomisk makt. Men uheldigvis krever dette en stor sum finansiering i begynnelsen – for de tusen millioner mark må tegnes helt og fullt før man påbegynner arbeidet. Og siden denne summen kun kan anskaffes veldig langsomt, vil alle slags banktjenester bli utført og lån tatt under de første få årene. Det kan til og med skje at i løpet av alle disse transaksjonene, vil det opprinnelige målet bli glemt. De moderat rike jødene vil ha skapt en ny og stor bedrift, og jødisk emigrasjon vil bli glemt.

Ideen om å anskaffe penger på denne måten er ikke på noen måte upraktisk. Eksperimentet med å samle inn kristne penger til å skape en motkraft til de store bankene, er allerede blitt forsøkt. Det at man også kan skape en motkraft med jødiske penger, har ingen tenkt på inntil nå.

Men disse økonomiske konfliktene ville føre til alle mulige kriser. De landene der de finner sted, ville lide, og antisemittismen ville gå amok.

Denne metoden er dermed ikke anbefalt. Jeg har bare foreslått den fordi den dukker opp i den logiske utviklingen av ideen.

Jeg vet heller ikke om små private banker vil være villige til å godta den.

I alle fall vil ikke engang et avslag fra de moderat rike jødene sette en stopper for denne planen. Tvert imot ville man da bli nødt til å ta den på ramme alvor.

Jødenes samfunn, hvis medlemmer ikke er forretningsmenn, kan forsøke å grunnlegge selskapet med nasjonal tegning.

Selskapets kapital kan anskaffes uten et syndikat som mellommann, gjennom en direkte tegning for offentlighetens del. Ikke bare fattige jøder, men også kristne som vil bli kvitt dem, ville tegne en liten andel i dette fondet. En ny og spesiell form for folkeavstemning ville dermed finne sted, der alle mennesker som stemmer for løsningen på det jødiske spørsmålet, ville uttrykke sin støtte ved å tegne seg for en fastsatt sum. Denne fastsettelsen ville skaffe trygghet. De midlene som blir tegnet, ville kun bli betalt hvis de totalt nådde opp til den påkrevde summen, og ellers ville pengene bli returnert.

Men hvis hele den påkrevde summen blir anskaffet gjennom en offentlig tegning, da vil alle små summer være sikret av det store antallet andre små summer.

Alt dette vil selvfølgelig trenge uttrykkelig og definitiv hjelp fra de interesserte regjeringene.

Kapittel 4:
Lokale grupper

VÅR MIGRASJON

Tidligere kapitler forklare kun hvordan emigrasjonen kan bli utført uten at det skaper økonomisk uro. Det finnes gamle vaner, gamle minner som binder oss til hjemmene våre. Vi har krybber, vi har graver, og det er bare vi som vet hvordan jødiske hjerter holder fast ved gravene. Krybbene vil vi bære med oss – der ligger framtiden vår, rosenrød og smilende. Våre kjære graver må vi forlate – og jeg tror at dette offeret vil koste oss mer enn noe annet offer. Men det må bli slik.

Økonomisk lidelse, politisk press og sosial vanry har allerede drevet oss fra hjemmene våre og gravene våre. Vi jøder flytter også nå fra plass til plass hele tiden. En sterk strøm driver oss faktisk vestover over havet mot USA, der vårt nærvær heller ikke er ønsket. Og hvor vil vårt nærvær være ønsket så lenge vi er en hjemløs nasjon?

Men vi skal gi vårt folk et hjem. Og vi skal ikke gi det ved å dra dem hensynsløst opp fra den jorda som brødfør dem, men isteden ved å transplantere dem forsiktig til bedre mark. Akkurat som vi vil skape nye politiske og økonomiske forbindelser,

73

skal vi bevare som hellig alt av fortiden som er kjært for vårt folks hjerter.

Dermed må det være tilstrekkelig med noen få forslag, siden denne delen av planen min antagelig vil bli fordømt som visjonær. Men til og med dette er mulig og reelt, selv om det nå virker som om det er vagt og uten mål. Organisasjoner vil skape noe rasjonelt av dette.

EMIGRASJON I GRUPPER

Folket vårt burde emigrere i grupper med familier og venner. Men ingen mennesker vil bli tvunget til å tilhøre den gruppa som tilhører hans tidligere bosted. Alle vil ha en mulighet til å reise på sin egen måte så snart han har ordnet alt det praktiske. Siden alle mennesker vil betale sine egne utgifter til tog og båt, vil han naturligvis reise på den klassen som passer ham best. Det vil muligens ikke engang være noen inndeling i klasser ombord på tog og båt, slik at vi unngår at de fattige føler hvilken situasjon de er i altfor sterkt under den lange reisen. Selv om vi ikke akkurat arrangerer en fornøyelsestur, er det like bra å holde dem i godt humør på veien.

Ingen vil reise i armod. På den andre siden vil alle som ønsker å reise i luksus, kunne følge sitt ønske. Til og med under gunstige omstendigheter kan det hende at bevegelsen ikke vil berøre noen klasser blant jødene på flere år. Denne perioden kan derfor utnyttes til å velge de meste måtene for å organisere reisen på. De som er velstående kan reise i grupper hvis de vil det, og de kan ta sine

74

personlige venner og forbindelser med seg. Jøder har, bortsett fra de rikeste, tross alt veldig lite samfunn med kristne. I noen land er kjennskapen til kristne begrenset til noen få snyltere, låntakere og avhengige personer. De vet ingenting om en bedre klasse med kristne. Ghettoen fortsetter selv om murene er brutt ned.

Middelklassen vil derfor foreta grundige og nøyaktige forberedelser før avreisen. En gruppe reisende vil bli dannet på hver plass. Store byer blir delt inn i distrikter med en gruppe i hvert distrikt, som vil kommunisere ved hjelp av representanter som er valgt for denne hensikten. Denne inndelingen i distrikter trenger ikke å være slavisk. Hensikten er bare at den skal lindre ubehaget og hjemlengselen hos de fattige på reisen ut. Alle er frie til å reise enten på egen hånd eller koblet til en lokal gruppe som man foretrekker. Betingelsene for å reise – som er regulert etter klasser – vil tillempes på alle. Enhver gruppe med reisende som er tilstrekkelig stor, kan chartre et spesielt tog eller spesiell båt fra selskapet.

Selskapets boligbyrå vil anskaffe boliger til de fattigste ved deres ankomst. Når mer velstående emigranter senere følger etter, vil deres behov for innkvartering ved ankomst bli fylt av hoteller bygd av private bedrifter. Noen av disse mer velstående kolonistene vil ha bygd sine hus før de blir permanente bosettere, slik at de kun vil flytte fra et gammelt hjem til et nytt et.

Det vil være en fornærmelse mot våre intelligente grupper å påpeke alt det de trenger å gjøre.

Hvert menneske som fester seg ved den nasjonale ideen, vil vite hvordan han skal spre det og hvordan han skal gjøre det til en virkelighet innenfor sin sfære av innflytelse. Vi vil først og fremst be om våre rabbiers samarbeid.

VÅRE RABBIER

Hver gruppe vil ha sin rabbi, som reiser med forsamlingen. Lokale grupper vil deretter skapes frivillig rundt rabbien, og hver plass vil ha sin åndelige leder. Våre rabbier, som vi vil tilkalle spesielt, vil gi sin energi til å tjene ideen og vil inspirere sine forsamlinger ved å forkynne den fra talerstolen. De vil ikke trenge å tale til spesielle samlinger for dette. En appell som dette kan uttales i synagogen. Og slik må det skje. For vi vil kun føle vår historiske tilknytning gjennom våre fedres tro siden vi så lenge har absorbert forskjellige nasjoners språk i uutryddelig grad.

Rabbiene vil regelmessig motta kommunikasjon både fra samfunnet og fra selskapet, og de vil opplyse og forklare dette for sine forsamlinger. Israel vil be for oss og seg selv.

REPRESENTANTER FOR
DE LOKALE GRUPPENE

De lokale gruppene vil utnevne små komiteer med representative menn under rabbiens presidentskap for å diskutere og avgjøre lokale spørsmål.

76

Filantropiske institusjoner vil bli overført av sine lokale grupper, og alle institusjoner skal «der borte» være eiendommene til den samme gruppen mennesker som den opprinnelig var grunnlagt for. Jeg tenker at de gamle bygningene ikke burde selges men isteden vies til å hjelpe innfødte kristne i de forlatte byene. De lokale gruppene vil motta kompensasjon ved å anskaffe frie byggeplasser og alle fasiliteter for gjenoppbygging i det nye landet.

Denne overføringen av filantropiske institusjoner vil gi en annen av de mulighetene, som finner sted på forskjellige punkter i planen min, til å foreta et eksperiment i menneskehetens tjeneste. Dagens usystematiske private filantropi gjør lite godt i proporsjon til de store utgiftene som de medfører. Men disse institusjonene kan og må danne en del av et nytt system ved hvilken de til slutt vil supplere et annet. I et nytt samfunn kan disse organisasjonene utvikles ut fra vår moderne bevissthet og kan være grunnlagt på alle tidligere sosiale eksperimenter. Dette spørsmålet er av stor betydning for oss på grunn av det store antallet fattiglem hos oss. De svakere karakterene blant oss, som har mistet motet av utvendig press, bortskjemte av den bløthjertede veldedigheten hos våre rike mennesker, synker lett inntil de hengir seg til tigging.

Samfunnet vil, støttet av de lokale gruppene, vie størst oppmerksomhet til folkets utdannelse med hensyn til dette spesielle. Det vil skape en fruktbar jord for mange krefter som nå visner ubrukelig hen. Den som viser et oppriktig interesse av å jobbe, vil få passende ansettelse. Tiggere vil ikke tåles. Den som nekter å gjøre noe som en fri mann, vil bli sendt til arbeidshuset.

På den andre siden vil vi ikke henvise de gamle til et fattighus. Et fattighus er noe av den grusomste veldedigheten som vår dumme, gode natur noensinne har oppfunnet. Der kan våre gamle mennesker dø av ren skam og forskrekkelse. Der er de allerede gravlagt. Men vi vil til og med gi dem som står på den laveste graden av intelligens en trøstende illusjon om deres nytte i verden. Vi vil gi lette oppgaver til dem som ikke er i stand til å utføre fysisk arbeid. For vi må tillate redusert vitalitet hos de fattige blant en generasjon som allerede er svekket. Men framtidens generasjoner vil behandles på andre måter. De skal vokse opp i frihet til et liv i frihet.

Vi vil søke å skjenke det moralske frelsende arbeid på mennesker av alle aldre og alle klasser, og dermed vil folket vårt finne sin styrke igjen i landet med sjutimersdagen.

BYPLANER

De lokale gruppene vil delegere sine autoriserte representanter til å velge ut plasser til byene. Når landet skal distribueres, vil alle forbehold bli tatt for å oppnå en nøyaktig overføring med hensyn til de ervervede rettigheter.

De lokale gruppene vil ha byplaner slik at folket på forhånd vil vite hvor de skal reise, til hvilken by og i hvilket hus de skal bo. Omfattende utkast av de byggeplanene vi tidligere har henvist til, vil bli distribuert blant de lokale gruppene.

Prinsippet for vår administrasjon vil være en strikt sentralisering av våre lokale gruppers autonomi. På denne måten vil overføringen bli utført med minst mulig smerte.

Jeg innbiller meg ikke at alt dette er lettere enn det faktisk er. På den andre siden må ikke folk innbille seg at det er vanskeligere enn det er i virkeligheten.

MIDDELKLASSENS AVREISE

Middelklassen vil ufrivillig bli dratt med i den utgående strømmen, for sønnene deres vil være tjenestemenn i samfunnet eller ansatte i selskapet «der borte». Advokater, leger, teknikere av alle slag, unge forretningsfolk – faktisk alle jøder som er på leting etter muligheter, som nå flykter fra undertrykkelse i sine hjemland for å tjene til livets brød i fremmede land – vil samle seg på jord som er så fullt av løfter. Middelklassens døtre vil gifte seg med disse ambisiøse mennene. En av dem vil sende bud på sin kone eller forlovede til å komme til ham, og en annen etter sine foreldre, brødre og søstre. Medlemmer i en ny sivilisasjon gifter seg unge. Dette vil fremme den generelle moralen og dermed sikre stabilitet hos den nye generasjonen. Og dermed vil vi ikke få sårbare avkom fra sene ekteskap, barn til fedre som tilbringer sin styrke i kampen for livet.

Alle emigranter fra middelklassen vil dra flere av sitt slag etter seg.

De modigste vil naturligvis få det beste ut av den nye verden.

Men der virker det som om vi utvilsomt har berørt den viktige problematikken i planen min.

Selv om vi lykkes med å starte en verdensvid diskusjon om det jødiske spørsmålet på en seriøs måte –

Selv om denne debatten fører oss til en positiv konklusjon om at den jødiske staten er nødvendig i verden –

Selv om maktene hjalp oss med å anskaffe suverenitet over et territorium –

Hvordan skal vi transportere jødiske masser uten utilbørlig tvang fra dagens hjem til dette nye landet?

Emigrasjonen er definitivt ment å være frivillig.

FENOMENET MED SKARER

Det vil neppe være nødvendig med store anstrengelser for å tilskynde bevegelsen. Antisemitter utgjør den nødvendige drivkraften. De trenger kun å gjøre det de gjorde før, og så vil de skape et ønske om å emigrere der den tidligere ikke eksisterte og styrke den der den eksisterte. Jøder som nå bor i antisemittiske land, gjør det fordi til og med de blant dem som er mest uvitende om historien, vet at utallige endringer i bosted i tidligere århundrer aldri ga dem noe permanent godt. Alle land som ønsker jødene velkommen i dag, og som tilbyr dem færre fordeler enn det som den jødiske staten vil garantere dem, ville umiddelbart tiltrekke en sterk strøm av folket vårt. De fattigste, som ikke har noe å miste, vil trekke dit. Men jeg holder fast ved, og hvert menneske kan spørre seg om jeg ikke har rett, at presset som veier mot oss vekker et ønske om å emigrere til og med blant framgangsrike lag av samfunnet. Nå vil det fattigste laget være tilstrekkelig for å grunnlegge en stat. Disse utgjør det sterkeste menneskelige materialet for å skaffe et land, for litt fortvilelse er uunnværlig for å skape en stor oppgave.

Men når våre «desperadoer» øker verdien av landet ved sitt nærvær og det arbeidet som de utfører i det, gjør de det samtidig at det blir mer og mer attraktivt som et sted der folk som har det bedre, kan bosette seg.

Høyere og enda høyere lag vil føle fristelsen til å reise. Ekspedisjonen med de første og fattigste bosetterne vil bli utført av selskapet og samfunnet i fellesskap, og de vil antagelig få ytterligere støtte av eksisterende emigrasjon og sionisters fellesskap.

Hvordan kan en gruppe mennesker rettes mot en spesiell plass uten å få direkte ordre om å reise dit? Det finnes noen jødiske velgjørere i stor skala som prøver å lindre jødenes lidelser med sionistiske eksperimenter. De støtte også på dette problemet, og de tenkte at de skulle løse det ved å gi emigrantene penger eller ansettelse. Dermed sa filantropene: «Vi betaler disse menneskene for å reise dit.»

En slik prosedyre er helt feil, og alle penger i verden vil ikke oppnå dette målet.

På den andre siden vil selskapet si: «Vi vil ikke betale dem. Vi skal la dem betale oss. Vi vil bare gi dem en tilskyndelse til å reise.»

En fantasifull illustrasjon vil hjelpe til med å gjøre poenget mer eksplisitt: En av disse filantropene (som vi vil kalle «baronen») og meg selv ønsker å få en skare mennesker ut på slettene ved Longchamps i nærheten av Paris en varm søndag ettermiddag. Baronen lover dem 10 franc hver, og da kan han for 200 000 franc få 20 000 svettende og miserable mennesker, som vil forbanne ham fordi han har skapt så mye irritasjon for dem. Jeg vil imidlertid tilby disse 200 000 franc som en premie for den raskeste hesten – og da må jeg reise gjerder for å holde folk borte fra Longchamps. De vil betale for å komme inn: 1 franc, 5 franc, 20 franc.

Konsekvensene blir at jeg får en halv million mennesker ut dit. Republikkens president vil kjøre dit «a la Daumont», og skarene vil hygge seg og bli underholdt. De fleste av dem vil tenke at det var en behagelig spasertur i frisk luft på tross av heten og støvet, og på mine 200 000 franc har jeg tjent omtrent en million i inngangspenger og skatter på spill. Jeg kan få de samme menneskene ut dit når jeg vil, men baronen kan ikke det – ikke på noen måte.

Jeg vil gi en mer seriøs illustrasjon på fenomenet med skarer som tjener til livets opphold. La enhver mann forsøke å rope ute på gatene i en by: «Den som er villig til å stå hele dagen gjennom en vinters fryktelige kulde, gjennom en sommers plagende hete, i en jernhall utsatt på alle sider, for å henvende seg til alle forbipasserende, og tilby ham pyntesaker, eller fisk, eller frukt, vil motta to floriner, eller fire franc eller noe lignende.»

Hvor mange mennesker vil gå til hallen? Hvor mange dager ville de holde ut når sulten drev dem dit? Og hvis de holdt ut, hvilken energi ville de vise ved å forsøke å overtale de forbipasserende til å kjøpe fisk, frukt og pyntesaker?

Vi vil gjøre det på en annen måte. På steder der handelen er aktiv, og disse plassene er det lettere å oppdage siden vi selv handler direkte hvorhen vi vil, på disse stedene skal vi bygge store haller og kalle dem for markeder. Disse hallene kan bygges verre og mer usunne enn de som vi har nevnt ovenfor, og allikevel ville folk strømme til dem. Men vi skal bruke vår beste innsats, og vi skal bygge dem bedre og gjøre dem vakrere enn de første. Og folket som vi ikke hadde lovt noen ting, for vi kan ikke love noe uten å bedra dem, disse utmerkede, ivrige forretningsfolkene vil lykkelig skape en aktiv kommersiell samhandel. De vil tale til kjøperne utrettelig. De vil stå på sine føtter og neppe tenke på tretthet. De vil skynde seg ved soloppgang slik at de kan være først på plass. De vil danne fagforeninger, karteller og hva som helst for å fortsette med å forsørge familien uforstyrret. Og hvis de på slutten av dagen finner at alt det harde arbeidet har produsert kun 1 florin, 50 kreutzer eller 3 franc, eller noe lignende, vil de allikevel se mot neste dag med håp, for den kan kanskje gi dem bedre lykke.

Vi har gitt dem håp.

Vil noen spørre hvor behovet kommer fra som skaper markedet? Er det virkelig nødvendig å fortelle dem dette igjen?

Jeg påpekte at gjennom systemet «assistance par le travail» kan avkastningen økes femtenfold. En million vil produsere femten millioner, og ett tusen millioner vil produsere femten tusen millioner.

Dette kan være tilfelle på en liten skala. Er det slik i stor skala? Kapital gir en avkastning som minker i omvendt proporsjon til sin egen vekst. Inaktiv og ubevegelig kapital gir sviktende avkastning, men aktiv kapital gir en fantastisk voksende avkastning. Her er det sosiale spørsmålet.

Uttaler jeg et faktum? Jeg påkaller de rikeste jødene som vitner til min sannferdighet. Hvorfor utfører de så mange typer av industri? Hvorfor sender de mennesker til å jobbe under bakken og heve kull midt blant fryktelige farer for en mager lønn? Jeg kan ikke forestille meg at dette er behagelig, ikke engang for eierne til gruvene. For jeg tror ikke at kapitalister er hjerteløse, og jeg later ikke som om jeg tror det. Jeg ønsker ikke å betone men å jevne ut forskjellene.

Er det nødvendig å illustrere fenomenet med skarer og hvordan de er konsentrert på ett spesielt sted med henvisninger til gudfryktige pilegrims-reiser?

Jeg vil ikke såre noens religiøse følsomhet med ord som kan tolkes på feil måte.

Jeg vil bare helt kort henvise til de muhamme-danske pilegrimene i Mekka, de katolske pilegrimene i Lourdes og mange andre plasser som mennesker vender tilbake fra etter at de har funnet trøst i troen, og de hellige klærne i Trier. Dermed skal vi også skape et senter for vårt folks dype religiøse tro. Våre geistlige vil forstå oss først og vil stå med oss i dette.

Vi vil la alle mennesker finne frelse «der borte» på sin egen spesielle måte. Først av alt vil vi skape rom for våre fritenkeres udødelige bånd, de som kontinuerlig skaper nye oppdagelser for menneskeheten.

Ingen mer makt vil bli utøvd på noen enn det som er nødvendig for å bevare staten og orden, og den nødvendige makten vil ikke defineres vilkårlig av en eller flere skiftende myndigheter. Den skal fastsettes av urokkelige lover.

Hvis de illustrasjonene jeg ga gjør at folk trekker den slutningen at en skare bare midlertidig kan bli tiltrukket av et senter for tro, eller forretninger, eller fornøyelser, er svaret på den protesten enkelt. Samtidig som en av disse tingene i seg selv vil tiltrekke massene, kan vi regne ut at alle disse senterne til sammen vil holde på dem og tilfredsstille dem. For alle disse senterne har sammen ett enkelt mål som folket vårt alltid har lengtet etter å oppnå, som de har holdt seg i live for, som de er blitt holdt i live for av eksternt press – et fritt hjem! Når bevegelsen begynner, skal vi trekke noen mennesker etter oss og la andre følge etter. Andre igjen vil bli feid med i strømmen, og de siste vil bli støtt etter oss.

Disse siste nølende bosetterne vil være de som har det verst, både her og der.

Men de første, som reiser med tro, entusiasme og mot, vil få de beste stillingene.

VÅRT MENNESKELIGE MATERIALE

Det finnes flere misforståtte begreper om jødene enn om noe annet folk. Og vi er blitt så deprimerte og motløse av de historiske lidelsene at vi selv gjentar og tror på disse misforståelsene. En av disse er at vi har en umåtelig kjærlighet etter forretninger. Det er velkjent at overalt der vi har tillatelse til å delta i at klassene hever seg, slutter vi med forretninger så snart som mulig. Det store flertallet av jødiske forretningsmenn gir sine sønner høy utdannelse. Dermed har vi den så kalte «judaiseringen» av alle intellektuelle yrker. Men til og med i økonomisk svakere grader i samfunnet, er ikke vår kjærlighet til handel så dominerende som man ofte antar. I de østlige landene i Europa finnes det mange jøder som ikke er handelsmenn og som heller ikke er redde for hardt arbeid. Jødenes samfunn vil være i en posisjon der de kan forberede vitenskapelig nøyaktig statistikk over våre menneskelige styrker. De nye oppgavene og prospektene som venter folket vårt i det nye landet, vil tilfredsstille våre håndverkere og vil forvandle mange av dagens små handelsmenn til håndarbeidere.

En kramkar som reiser rundt omkring i landet med en tung ryggsekk på ryggen, er ikke så tilfreds som forfølgerne hans innbiller seg. Sjutimersdagen vil omgjøre alle av hans slag til arbeidere. De er gode, misforståtte mennesker som nå lider kanskje enda mer enn noen andre. Jødenes samfunn vil dessuten helt fra begynnelsen av være opptatt av å opplære dem til håndverkere. Deres kjærlighet til fortjeneste vil bli oppmuntret på en sunn måte. Jøder er av en sparsommelig og tilpasningsdyktig disposisjon og er kvalifisert til enhver metode for å tjene til livets opphold, og det vil derfor være tilstrekkelig å gjøre småhandelen lite lønnsom for å tilskynde til og med dagens kramkarer til å oppgi yrket. Dette kan for eksempel gjøres ved å opp-fordre til store varehus som selger alle nødvendig-heter i livet. Disse butikkene knuser allerede små-handelen i store byer. I et land med ny sivilisasjon vil de forhindre deres eksistens. Opprettelsen av disse butikkene er videre fordelaktig fordi det gjør landet umiddelbart beboelig for mennesker som krever mer raffinerte nødvendigheter i livet.

VANER

Er en henvisning til den vanlige mannens små vaner og komfort i overensstemmelse med den seriøse tonen i denne pamfletten?

Jeg tror det er i overensstemmelse og attpåtil veldig viktig. For disse små vanene er de tusen og en fine delikate trådene som sammen skaper et ubrytelig rep.

Her må vi sette til side visse begrensede oppfatninger. Den som har sett noe av verden, vet at nettopp disse daglige vanene lett kan bli transplantert til andre plasser. De tekniske påfunnene i vår tid, som denne planen har til hensikt å benytte seg av i menneskehetens tjeneste, har hittil først og fremst blitt brukt til våre små vaner. Det finnes engelske hoteller i Egypt og på fjelltoppene i Sveits, Wien-kafeer i Sør-Afrika, franske teatre i Russland, tyske operaer i Amerika og den beste bayerske øl i Paris.

Når vi reiser ut av Egypt igjen, vil vi ikke etterlate oss kjøttgrytene.

Enhver mann vil finne sine tradisjoner igjen i de lokale gruppene, men de vil være bedre, vakrere og mer behagelige enn tidligere.

Kapittel 5:
Jødenes samfunn og jødisk stat

NEGOTIORUM GESTIO

Denne pamfletten er ikke skrevet for advokater. Jeg kan dermed bare gi et overfladisk blikk på min teori om det juridiske grunnlaget for staten, som så mange andre ting.

Jeg må allikevel legge litt vekt på den nye teorien, og jeg tror at den også kan bli forfektet i diskusjoner med menn som er velbevandret i juridiske spørsmål.

Ifølge Rousseaus nå gammeldagse syn, blir en stat dannet av en sosial kontrakt. Rousseau mente: «Betingelsene i denne kontrakten er så nøyaktig definert av naturen i avtalen at den minste endring vil gjøre dem ugyldig. Konsekvensen er at til og med der de ikke er klart uttalt, er de identiske overalt og stilltiende akseptert og anerkjent overalt.»

Det har aldri vært og er ikke nå vanskelig å komme med en logisk og historisk imøtegåelse av Rousseaus teori, uansett hvor fryktelige og vidtgående implikasjonene kan ha vært. Spørsmålet om det eksisterte en sosial kontrakt med «betingelser som ikke er klart uttalt, men ugjenkallelige»

89

før en grunnlov ble dannet, er ikke av praktisk interesse for stater under den moderne styreformen. Det juridiske forholdet mellom regjering og innbygger er i alle fall klar og tydelig nå.

Men før man kan skrive en grunnlov, og under opprettelsen av en ny stat, får disse prinsippene en stor praktisk betydning. Vi vet og kan se selv at stater fortsatt vil bli skapt. Kolonier løsrives fra fedrelandet. Vasaller faller fra overhøyheten. Nyåpnede territorier blir umiddelbart skapt til nye stater. Det er sant at den jødiske staten er tenkt som en spesielt moderne struktur i et uspesifisert territorium. Men en stat dannes ikke av biter av land, men heller av et antall mennesker som forenes under et suverent styre.

Folket er den subjektive og landet den objektive grunnvollen for staten, og den subjektive grunnen er den viktigste av de to. Som eksempel kan vi nevne at en suverenitet som ikke har noen objektiv grunnvoll i det hele tatt, kanskje er den som er høyest respektert i verden. Jeg snakker om pavens suverenitet.

Teorien om rasjonalitet er den som i dag er akseptert i politisk vitenskap. Denne teorien er tilstrekkelig til å berettige opprettelsen av en stat, og den kan ikke motbevises historisk på samme måte som teorien om en kontrakt. I den utstrekning jeg bare er opptatt av opprettelsen av en jødisk stat, er jeg godt innenfor grensene til teorien om denne rasjonaliteten. Men når jeg snakker om den juridiske grunnvollen for staten, har jeg gått utenfor dem. Teorien om en guddommelig institusjon, eller om en overordnet makt, eller om en kontrakt og de patriarkalske og arvelige teorier stemmer ikke overens med moderne synspunkter. Det juridiske grunnlaget for en stat blir enten oppsøkt for mye blant mennesker (patriarkalske teorier og teorier om en overordnet makt og kontrakt), eller for langt over dem (guddommelige institusjoner), eller for langt under dem (objektive arvelige teorier). Teorien om rasjonalitet lar dette spørsmålet forbli ubesvart på en beleilig og forsiktig måte. Men et spørsmål som doktorer i jurisprudens har vært genuint opptatt av i alle aldre, kan ikke være et absolutt tomt spørsmål. Faktum er at man trenger en blanding av det menneskelige og det overmenneskelige for å skape en stat. Et juridisk grunnlag er uunnværlig for å kunne forklare det undertrykkende forholdet som undersåtter noen ganger har til regenter. Jeg tror at man kan finne det i *negotiorum gestio*, der legemet av innbyggere representerer *dominus negotiorum*, og regjeringen representerer *gestor*.

Romerne med sin fantastiske sans for rettferdighet produserte det edle mesterverket, *negotiorum gestio*. Når en undertrykt persons eiendom er i fare, kan hvert menneske gå fram for å redde det. Dette mennesket er en *gestor*, en direktør for saker som ikke nødvendigvis er hans egne. Han har ikke fått noen fullmakt – det vil si, ingen menneskelig fullmakt. Det er høyere forpliktelser som gir ham autoritet til å handle. De høyere forpliktelsene kan formuleres på forskjellige måter for staten slik at det svarer til de individuelle gradene i kulturen som man har fått med en økende generell forståelseevne.

En *gestio* skal jobbe til det beste for *dominus*, det folket som han som er *gestor*, selv tilhører.

En *gestor* administrerer eiendom som han er deleier i. Hans felles eierskap lærer ham hvilke hastesaker som krever at han griper inn, og det krever hans lederskap i fred eller krig. Men under ingen omstendigheter er autoriteten gyldig *qua* felles eierskap. Samtykke fra de utallige felles eierne er til og med under de mest gunstige tilstander et spørsmål om formodninger.

En stat blir skapt av en nasjons kamp for sin eksistens. I alle slike kamper er det umulig å skaffe seg korrekt autoritet på omstendelig vis på forhånd. Faktum er at alle tidligere forsøk på å tilveiebringe en normal beslutning fra majoriteten vil antagelig ruinere oppgaven fra begynnelsen av. For interne maktkamper vil gjøre folket forsvarsløst mot farer utenfra. Vi kan ikke alle være av samme oppfatning. En *gestor* vil derfor ganske enkelt ta lederskapet i sin hånd og marsjere i forkant.

Statens *gestor* er tilstrekkelig berettiget hvis den felles saken er i fare, og hvis *dominus* er forhindret, enten på grunn av mangel på vilje eller en annen grunn, fra å hjelpe seg selv.

Men en *gestor* blir lik *dominus* ved sin intervensjon og er bundet av avtalen *quasi ex contractu*. Dette er det juridiske forholdet som er skapt før, eller mer korrekt samtidig som staten.

En *gestor* blir dermed ansvarlig for enhver form for forsømmelse, til og med for feil i forretningene, og forsømmelsen for slike affærer som er intimt forbundet med dem etc. Jeg vil ikke utbrodere

negotiorum gesto videre, men heller la staten ta
hånd om det, for ellers vil det ta oss altfor langt bort
fra hovedpoenget. Bare en bemerkning: «Forret-
ningsadministrasjon, hvis det er godkjent av eieren,
er like effektivt som om det opprinnelig var blitt
utført med hans autoritet.»

Og hvordan påvirker alt dette vår sak?

Det jødiske folket er i dag forhindret av
diasporaen fra å utføre sine politiske saker på egen
hånd. I tillegg er de i en tilstand med mer eller
mindre alvorlig nød i mange deler av verden. De
trenger mer enn noe annet en *gestor*. Denne *gestor*
kan selvfølgelig ikke være ett enkelt individ. En slik
person vil enten gjøre seg selv til latter, eller – siden
det ville sett ut som om han jobbet for sine egne
interesser – foraktelig.

Jødenes *gestor* må derfor være et selskap.

Og det er Jødenes samfunn.

JØDENES GESTOR

Dette organet i den nasjonale bevegelse, som vi til
slutt skal snakke om dets art og funksjoner, vil fak-
tisk bli skapt før alt annet. Dannelsen av denne er
ganske enkel. Den vil bli formet blant de energiske
jødene som jeg delte mine planer med i London.

Samfunnet vil ha vitenskapelige og politiske
oppgaver, for grunnleggelsen av en jødisk stat vil,
som jeg oppfatter det, forutsette at vi benytter oss av
vitenskapelige metoder. Vi kan ikke reise ut av
Egypt i dag på den primitive måten fra gamle dager.
Vi skal først skaffe oss en nøyaktig fortegnelse over

vårt antall og styrke. Foretaket til den store jødenes *gestor* i de primitive dagene, har like mye av det samme forholdet til vårt som en vidunderlig melodi har til en opera. Vi spiller samme melodi med mange flere fioliner, fløyter, harper, celloer og basser, med elektriske lys, dekorasjoner, kor, vakre kostymer, og med dagens førstesangere.

Hensikten med denne pamfletten er å starte en generell diskusjon om det jødiske spørsmålet. Venner og fiender vil ta del i den, men jeg håper at den ikke lenger vil ta form som voldsomt misbruk eller sentimental oppreisning, men som en debatt som er praktisk, stor, oppriktig og politisk.

Jødenes samfunn vil samle alle tilgjengelige erklæringer fra statsmenn, parlamenter, jødiske fellesskap og samfunn der det er uttalt i taler eller skrift, på møter, i aviser og bøker.

Dermed vil samfunnet for første gang finne ut om jødene virkelig ønsker å reise til Løfteslandet og om de må reise dit. Alle jødiske fellesskap i verden vil sende bidrag til samfunnet via en omfattende innsamling av jødisk statistikk.

Andre oppgaver, slik som at eksperter undersøker det nye landet og naturressursene der, den forente planleggingen av migrasjonen og bosetningen, preliminært arbeid for lovgivning og administrasjon etc. må utvikles rasjonelt fra den opprinnelige planen.

Utvendig vil samfunnet forsøke, som jeg tidligere har forklart i den generelle delen, å bli anerkjent som en statsdannende makt. Mange jøders

94

frie samtykke vil gi dem den nødvendige autoriteten i forholdet til regjeringer.

Internt, det vil si i forholdet til det jødiske folket, vil samfunnet skape alle de første uunnværlige institusjonene. Det vil være kjernen som de offentlige institusjonene i den jødiske staten senere vil bli utviklet etter.

Det første målet er, som jeg sa tidligere, herredømme, som er sikret ved internasjonal lov, over en del av jorda som er tilstrekkelig stor til å tilfredsstille våre rettferdige behov.

Hva er neste skritt?

LANDETS OKKUPASJON

Da nasjoner vandret i historisk tid, lot de tilfeldighetene styre dem, trekke dem, slenge dem hit og dit, og som svermer av gresshopper slo de seg likegyldig ned hvor som helst. For i historisk tid var ikke jorda kjent for menneskene. Men denne moderne jødiske migrasjonen må utføres i overensstemmelse med vitenskapelige prinsipper.

For ikke mer enn førti år siden ble gullgraving utført på en ekstremt primitiv måte. Hvilke eventyrlige dager det var i California! En nyhet brakte desperadoer sammen fra alle kanter av jorda. De stjal landområder, røvet gull fra hverandre og spilte det senere bort, slik røvere gjør.

Men i dag! Hvordan er gullgravingen i Transvaal i dag? Det finnes ingen eventyrlystne vagabonder der. Det er kun edruelige geologer og ingeniører som er på plass for å regulere gullindustrien og

95

benytte seg av geniale maskiner for å skille malmen fra steinen rundt omkring. Lite blir etterlatt til tilfeldighetene nå.

Slik må vi utforske og ta det nye jødiske landet i eie ved bruk av alle moderne midler.

Så snart som vi har sikret oss landet, skal vi sende et skip med representanter for samfunnet, selskapet og de lokale gruppene, som vil ta det i besittelse med en gang.

Disse menneskene vil ha tre oppgaver som de skal utføre. (1) En nøyaktig, vitenskapelig undersøkelse av alle naturressurser i landet. (2) Organisere en strikt sentralisert administrasjon. (3) Distribuere landet. Disse oppgavene overlapper hverandre, og alle vil bli utført i overensstemmelse med det nå så kjente målet som vi har i sikte.

Det er en ting som gjenstår å forklare – nemlig hvordan landets okkupasjon ifølge lokale grupper vil skje.

I Amerika okkuperer man nyåpnede territorier på en naiv måte. Bosetterne samler seg ved grensa, og ved den fastsatte tiden stormer de simultant og voldsomt mot de nye eiendommene.

Vi vil ikke gå fram slik med jødenes nye land. Eiendommene i byer og provinser skal selges på auksjon, og betalingen skal ikke være penger men arbeid. Den generelle planen vil fastsette gater, broer, vannverk etc som er nødvendig for trafikken. Disse skal forenes i provinser. Innenfor disse provinsene vil man på samme måte selge plasser til byer på auksjon. De lokale gruppene vil forplikte seg til å utføre forretningseiendommene, og de vil dekke kostnadene ved selvpålagt evaluering. Samfunnet vil være i en situasjon der de kan dømme om de lokale gruppene ikke våger seg på altfor store offer for sine midler. De store samfunnene vil motta store plasser for sine aktiviteter. Store offer vil dermed belønnes av at det opprettes universiteter, tekniske skoler, akademier, forskningsinstitutt etc, og disse regjeringsinstituttene, som ikke må være konsentrert i hovedstaden, vil legges rundt omkring i landet.

Kjøpernes personlige interesser, og om nødvendig den lokale vurderingen, vil være en garanti for korrekt gjennomføring av det som er blitt overtatt. På samme måte som vi ikke kan og ikke ønsker å slette ut forskjellene mellom individer, vil også forskjellene mellom de lokale gruppene bestå. Alt vil formes på en naturlig måte. Alle ervervede rettigheter vil bli beskyttet, og enhver ny utvikling vil få tilstrekkelig omfang.

Folket skal gjøres grundig kjent med disse spørsmålene.

Vi skal ikke ta noen uforvarende eller villede dem noe mer enn vi vil bedra oss selv.

Alt må fastsettes på en systematisk måte på forhånd. Jeg gir kun en indikasjon på denne planen: Våre fremste tenkere vil i samarbeid utvikle den. Alle sosiale og tekniske muligheter i vår tid og den mer avanserte tid som vi vil nå før den langsomme utviklingen av planen er fullbyrdet, må benyttes for dette målet. Alle verdifulle oppfinnelser som eksisterer nå eller ligger i framtiden, må bli brukt. På denne måten kan et land bli okkupert og en stat grunnlagt på en måte som hittil er ukjent for historien, og med muligheter for suksess som vi aldri har sett før.

GRUNNLOV

En av de viktige kommisjoner som samfunnet må oppnevne, er rådet med statens jurister. Disse må formulere den beste, det vil si den mest moderne grunnloven som er mulig. Jeg tror at en bra grunnlov burde ha en moderat elastisk form. I et annet verk har jeg forklart i detalj hvilke styringsformer som jeg tror er de beste. Jeg tror at et demokratisk monarki og en aristokratisk republikk er de fineste formene for en stat, for i dem er former for staten og prinsippene for styret i motsetning til hverandre, og dermed bevarer de en sann maktbalanse. Jeg er en sterk tilhenger av monarkiets institusjoner, for disse tillater en kontinuerlig politikk og representerer interessene til en historisk berømt familie som er født og utdannet for å styre, og deres ønsker er bundet til å bevare staten. Men historien vår har altfor lenge vært avbrutt for at vi skal forsøke oss på direkte kontinuitet av de gamle konstitusjonelle formene uten å utsette oss for anklagen om absurditet.

Et demokrati uten en regents nyttige motvekt er ekstrem i sin verdsettelse og fordømmelse, har en tendens til tomme diskusjoner i parlamentet og produserer den støtende klassen av mennesker – profesjonelle politikere. Nasjoner er heller ikke rede for ubegrenset demokrati i dag, og de vil bli mindre rede for det i framtiden. For et rent demokrati forutser en dominans av enkle tradisjoner, og våre tradisjoner blir mer og mer komplekse for hver dag som går med økningen i handel og kultur. «Le ressort d'une democratic est la vertu», sa den vise Montesquieu. Og hvor er denne dyden, det vil si denne politiske dyden? Jeg tror ikke på vår egen politiske dyd. For det første fordi vi ikke er noe bedre enn resten av den moderne menneskeheten, og for det andre fordi frihet vil føre til at vi viser vår stridslyst først. Jeg mener også at å avgjøre spørsmål ved valg er en utilfredsstillende prosedyre, for det er ingen enkle politiske spørsmål som bare kan besvares med ja eller nei. Massene er enda mer tilbøyelige enn parlamentet til å bli ført av sted av heterodokse meninger og å bli forført av voldsomme tirader. Det er umulig å formulere enn vis intern eller ekstern politikk i en slik forsamling av folket.

Politikk må formes i de øvre lag og jobbe nedover. Men ingen medlemmer av den jødiske staten vil bli undertrykt. Alle mennesker vil være i stand til og vil ønske å stige i den. Dermed vil det gå en sterk oppadgående tendens gjennom folket. Alle individer som prøver å heve seg selv, vil også heve hele gruppen med innbyggere. Denne oppgangen vil innta en normal form som er nyttig for staten og brukbar for den nasjonale ideen.

Dermed er jeg tilbøyelig til en aristokratisk republikk. Dette ville tilfredsstille den ambisiøse ånden som folket har, som nå har degenerert til stakkarslig tomhet. Jeg tenker på mange institusjoner i Venezia, men alt det som forårsaket Venezias ruin, må unngås. Vi skal lære av andres historiske feiltrinn på samme måte som vi lærer av våre egne. For vi er en moderne nasjon og vil være den mest moderne i verden. Folket vårt, som mottar det nye landet fra samfunnet, vil også takknemlig akseptere den nye grunnloven som de tilbyr dem. Hvis det oppstår en opposisjon, vil samfunnet slå ned på den. Samfunnet kan ikke tillate at utførelsen av deres oppgaver blir tolket av kortsiktige eller uvennlige individer.

SPRÅK

Man kan antyde at mangelen på et felles språk vil gi oss problemer. Vi kan ikke samtale med hverandre på hebraisk. Hvem blant oss har tilstrekkelig kunnskaper i hebraisk til å spørre om en togbillett på det språket? Noe slikt kan ikke gjøres. Men dette problemet kan vi omgå ganske lett. Alle mennesker kan bevare sitt eget språk som han tenker på hjemme. Sveits er et entydig bevis på muligheten med en føderasjon av språk. Vi vil forbli i det nye landet det som vi nå er her, og vi vil aldri slutte å elske minnet av det hjemlandet som vi ville ha blitt drevet ut av.

Vi vil slutte å bruke den fryktelig forkrøplete sjargongen, de ghetto-språkene som vi fortsatt bruker, for dette var fangenes hemmelige språk. Våre nasjonale lærere vil vie oppmerksomhet til dette spørsmålet, og språket vil vise seg å være av største nytte, for generell kommunikasjon vil bli

100

utført uten tvang som vårt nasjonale språk. Vår rases samfunn er spesiell og unik, for vi er kun bundet sammen av våre forfedres tro.

TEOKRATI

Skal vi slutte med et teokrati? Nei, faktisk! Troen forener oss, og kunnskap gir oss frihet. Vi vil derfor forhindre alle teokratiske tendenser fra å komme til forgrunnen blant vårt presteskap. Vi skal holde prestene våre innenfor rammen av templene på samme måte som vi vil holde den profesjonelle hæren innenfor rammene av brakkene sine. Hær og presteskap vil motta høy ære slik deres verdifulle funksjoner fortjener. Men de må ikke blande seg inn i ledelsen av staten, som gir dem denne æren, for ellers vil de trylle fram vanskeligheter både utenfor og innenfor.

Enhver mann vil være så fri og så uforstyrret i sin tro eller sin vantro som han er i sin nasjonalitet. Og hvis det skulle skje at mennesker av andre religioner og nasjonaliteter kommer for å bo blant oss, bør vi tilby dem en ærefull beskyttelse og likhet for loven. Vi har lært toleranse i Europa. Dette er ikke sarkastisk ment, for dagens antisemittisme kunne bare på noen få plasser bli oppfattet som gammel religiøs intoleranse. Det er for det meste en bevegelse blant siviliserte nasjoner der de prøver å jage bort spøkelset fra deres egen fortid.

LOVER

Når ideen om en stat begynner å nærme seg sin fullbyrdelse, vil Jødenes samfunn utnevne et råd med jurister for å gjøre det forberedende arbeidet med å skrive lover. Under overgangsperioden må disse handle på prinsippet om at enhver emigrerende jøde skal dømmes etter lovene i det landet som han har forlatt. Men de må prøve å skape en forening av disse forskjellige livene til et moderne system med lover på grunnlag av de beste delene fra tidligere systemer. Dette kan bli et eksempel på kodifisering som legemliggjør alle rettferdige sosiale krav i dag.

HÆREN

Den jødiske staten er tiltenkt å være nøytral. Den vil derfor kun trenge en profesjonell hær, som selvfølgelig er utrustet med alle forutsetninger for moderne krigføring for å holde orden internt og eksternt.

FLAGGET

Vi har ingen flagg, og vi trenger ett. Hvis vi vil lede mange mennesker, må vi reise et symbol over hodene deres.

Jeg vil foreslå et hvitt flagg med sju gyldne stjerner. Det hvite feltet symboliserer det rene, nye livet vårt. stjernene er de sju gyldne timene i vår

102

arbeidsdag. For vi skal marsjere inn i Løfteslandet mens vi bærer dette æresmerket.

GJENSIDIGHET OG UTLEVERINGSAVTALER

Den nye jødiske staten må grunnlegges korrekt med hensyn til vår posisjon i verden i framtiden. Derfor må enhver plikt i det gamle landet oppfylles samvittighetsfullt før man reiser. Jødenes samfunn og Det jødiske selskapet vil selge billige billetter og visse fordeler i bosetningen for dem som kan fremlegge et offentlig vitnesbyrd fra de lokale myndighetene som sertifiserer at de har forlatt sine affærer med god orden.

Hvert rettferdig privat krav som kommer fra de forlatte landene, vil bli hørt mye raskere i den jødiske staten enn noen annen plass. Vi vil ikke vente på gjensidighet. Vi vil handle ene og alene for vår egen æres skyld. Vi vil dermed kanskje finne senere at domstoler vil være mer villige til å høre våre krav enn det som nå virker som er tilfelle på noen steder.

Det vil bli antydet, som en selvfølge, fra tidligere bemerkninger at vi skal utlevere de jødiske kriminelle raskere enn noen annen stat vil gjøre det, inntil den tiden kommer da vi kan utøve vår egen straffekode med de samme prinsipper som alle andre siviliserte nasjoner. Der vil derfor være en overgangsperiode, og under den skal vi motta våre kriminelle kun etter at de har tatt sin straff. Men når de har gjort det godt igjen, vil de mottas uten noen restriksjoner i det hele tatt, for våre kriminelle vil også gå inn i et nytt liv.

Dermed kan emigrasjonen for mange jøder bli en krise med en lykkelig slutt. Dårlige utvendige omstendigheter, som kan ødelegge mange personer, vil bli fjernet, og denne forvandlingen kan bety frelse for mange som er fortapt.

Her vil jeg kort fortelle en historie som jeg kom over i en beretning om gullgruvene i Witwatersrand. En dag kom det en mann til Rand, bosatte seg der, forsøkte seg på forskjellige ting, bortsett fra å grave etter gull, inntil han grunnla en isfabrikk, som gjorde det veldig bra. Han vant snart generell respekt på grunn av sin aktverdighet, men noen år senere ble han plutselig arrestert. Han hadde begått underslag i en bank i Frankfort, hadde flyktet derfra og hadde begynt et nytt liv under et nytt navn. Men da han ble ført bort som fange, kom de mest respektable menneskene på plassen til stasjonen, ga ham et hjertelig farvel, og *au revoir,* for han ville sikkert vende tilbake.

Hvor mye denne fortellingen avslører! Et nytt liv kan til og med føde kriminelle på nytt, og vi har et proporsjonalt lite antall av disse. Det er verdt å lese noe interessant statistikk om dette, som heter «Jødenes kriminalitet i Tyskland» av dr. P. Nathan fra Berlin, som var utvalgt av «Samfunnet for forsvar mot antisemittisme» til å samle inn statistikk på grunnlag av offisielle dokumenter. Det er sant at denne pamfletten, som er full av tall, er blitt omgått, som mange andre «forsvar», med feiltakelsen om at antisemittisme kan motbevises med rimelige

104

argumenter. Vi er antagelig mislikt like mye for våre gaver som våre feil.

FORDELER MED JØDENES EMIGRASJON

Jeg kan tenke meg at regjeringene vil, enten frivillig eller under press fra antisemittene, vie en viss oppmerksomhet til denne planen, og de vil kanskje her og der motta den med en sympati som de også vil vise overfor Jødenes samfunn.

For den emigrasjonen som jeg foreslår, vil ikke skape en økonomisk krise. En slik krise som vil følge overalt som en konsekvens av jøde-plaging, vil heller bli forhindret ved å utføre planen min. En sterk periode med framgang vil begynne i de landene som nå er antisemittiske. For det vil skje, som jeg har sagt flere ganger, en intern migrasjon av kristne innbyggere inn i de stillingene som jødene sakte og systematisk har forlatt. Hvis vi ikke bare får tillatelse, men faktisk hjelp med å gjøre dette, vil bevegelsen gi generelt gunstige resultater. Det finnes et smalt syn, som man bør fri seg selv fra, som i mange jøders avreise ser at konsekvensen blir at landene blir fattige. Det er annerledes enn en avreise som er et resultat av forfølgelse, for da blir eiendommen ødelagt slik den blir ruinert i krigens forvirring. Annerledes er kolonisters fredelige avreise, der alt blir utført med hensyn til ervervede rettigheter og i absolutt samsvar med loven, åpent og i dagslys, under myndighetens øyne og den offentlige opinionens kontroll. En emigrasjon av

105

kristne proletarer til forskjellige deler av verden ville blitt stanset av den jødiske bevegelsen.

Statene ville ha en videre fordel i den enorme økningen i eksport av varer. For siden de emigrerende jødene «der borte» i lang tid i framtiden ville være avhengige av europeiske produkter, ville de nødvendigvis måtte importere dem. De lokale gruppene ville opprettholde en rettferdig balanse, og de vanlige behovene måtte bli oppfylt i lang tid på de vante plassene.

En annen, og kanskje en av de største fordelene, vil være den etterfølgende sosiale lettelsen. Sosial utilfredshet ville bli beroliget under de tjue eller flere årene som jødenes emigrasjon kan ta, og de ville i alle fall holde seg i ro under hele overgangsperioden.

Den formen som det sosiale spørsmålet kan ta, er helt og holdent avhengig av hvordan de tekniske ressursene utvikler seg. Dampkraften samlet menneskene i fabrikker rundt maskiner der de var overfylte og der de gjorde hverandre miserable ved overbefolkning. Dagens enorme, ukloke og usystematiske produksjonsrate er årsaken til kontinuerlige, alvorlige kriser som ruinerer både arbeidsgivere og ansatte. Damp førte menneskene sammen, og elektrisitet vil antagelig spre dem igjen og kan kanskje føre til mer velstående tilstander på arbeidsmarkedet. I alle fall vil våre tekniske oppfinnere, som er menneskehetens sanne velgjørere, fortsette sitt arbeid etter at jødenes emigrasjon har begynt, og de vil oppdage ting som er like fantastiske som de vi allerede har sett, eller faktisk enda mer vidunderlig enn dette.

Ordet «umulig» har sluttet å eksistere i det teknisk vitenskapelige vokabularet. Hvis en mann som levde i forrige århundre ville vende tilbake til jorda, ville han finne at livet i dag er fullt av ubegripelig magi. Der det moderne dukker opp med våre oppfinnelser, forvandler vi ørkenen til en hage. Det å bygge en by tar i vår tid like mange år som det tidligere tok århundrer. Amerika gir oss utallige eksempler på dette. Avstand er ikke lenger et hinder. Ånden i vår tid har samlet fabelaktige skatter på lageret sitt. Hver dag øker denne rikdommen. Hundre tusen hoder er opptatt av spekulasjoner og forskning overalt på jorda, og det som en av dem oppdager, tilhører i neste øyeblikk hele verden. Vi selv vil benytte oss av og fortsette med alle innsatser i vårt jødiske land, og akkurat som vi vil innføre sjutimersdagen som et eksperiment for menneskehetens beste, skal vi også gå fram i alt annet i den samme humane ånd. Vi skal gjøre det nye landet til et land for eksperimenter og en mønsterstat.

Etter jødenes avreise vil de foretakene som de har skapt, forbli der de opprinnelig ble funnet. Og den jødiske foretaksomme ånden vil ikke slå feil der folk ønsker den velkommen. For jødiske kapitalister vil være glad for å kunne investere sine midler der de kjenner igjen forholdene rundt omkring. Og der jødiske penger nå blir sendt ut av landene på grunn av eksisterende forfølgelse, og blir sunket i utenlandske foretak langt borte, vil de strømme tilbake igjen som en konsekvens av denne fredelige løsningen og vil bidra til utviklingen i de landene som jødene har forlatt.

Kapittel 6:
Konklusjon

Hvor mye som ikke er blitt forklart, hvor mange svakheter, hvor mange skadelige overfladiske uttalelser, og hvor mange nytteløse repetisjoner det er i denne pamfletten, som jeg har tenkt over så lenge og ofte revidert!

Men en ærlig leser, som har tilstrekkelig forståelse til å gripe tak i ånden i ordene, vil ikke bli utstøtt av disse manglene. Han vil heller bli egget til å samarbeide med sitt intellekt og energi i et arbeid som ikke er en jobb for en enkelt mann og å forbedre det.

Har jeg ikke forklart åpenbare ting og oversett viktige protester?

Jeg har forsøkt å møte visse protester, men jeg vet at mange flere vil bli reist basert på høy og lav begrunnelse.

Blant den første klassen med protester kan vi finne bemerkningen om at jødene ikke er det eneste folket i verden som er i en tilstand av nød. Her vil jeg svare at vi kan like gjerne begynne med å fjerne litt av denne nøden, selv om det umiddelbart bare er vår egen.

Det kan videre sies at vi ikke bør skape nye skiller mellom folk. Vi burde ikke reise nye

109

barrierer, vi burde heller få de gamle til å forsvinne. Men menn som tenker på denne måten, er elskverdige visjonærer, og ideen om et fedreland vil fortsatt blomstre når støvet av beina deres har forsvunnet uten spor i vinden. Universalt brorskap er ikke engang en vakker drøm. Motstand er nødvendig for menneskets største prestasjoner.

Men når jødene har slått seg ned i sin egen stat, vil de antagelig ikke ha flere fiender. Og når det gjelder de som blir igjen, siden velstand gjør dem svake og får dem til å forsvinne, vil de snart forsvinne helt og holdent. Jeg tror at jødene alltid vil ha tilstrekkelig med fiender, slik som alle nasjoner har. Diasporaen kan ikke bli gjenfødt hvis ikke hele jordas sivilisasjon vil kollapse, og en slik fullbyrdelse kan ikke fryktes av noen andre enn tåpelige menn. Dagens sivilisasjon har våpen som er kraftige nok for selvforsvar.

Det vil være utallige protester på lav begrunnelse, for det finnes flere lave enn edle menn her i verden. Jeg har forsøkt å fjerne noen av disse smalsporede oppfatningene, og den som er villig til å stille opp bak det hvite flagget vårt med sju stjerner, må delta i denne kampen for opplysning. Kanskje vi først av alt må kjempe mot mange ondsinnete, halvhjertede, kortsiktige medlemmer av vår egen rase.

Igjen vil folk si at jeg utruster antisemittene med våpen. Hvorfor? Fordi jeg innrømmer sannheten? Fordi jeg ikke holder fast ved at det bare er fremragende menn som er mot oss?

110

Vil ikke folk si at jeg viser fienden hvordan de kan skade oss? Dette vil jeg absolutt bestride. Forslaget mitt kan bare utføres med et fritt samtykke av et flertall av jødene. Man kan gå til handling mot individer eller mot grupper med de mektigste jødene, men regjeringer vil aldri gå til handling mot alle jøder. Jødenes like rett for loven kan ikke trekkes tilbake der de en gang er blitt gitt, for det første forsøket på en tilbaketrekning vil umiddelbart drive alle jøder, både rike og fattige, inn i rekkene til revolusjonære partier. Begynnelsen på enhver offisiell urettferdig handling mot jødene fører alltid til en økonomisk krise. Derfor kan man ikke bruke noen våpen mot oss på en effektiv måte, for disse vil skade de hendene som svinger dem. I mellomtiden vokser hatet. De rike føler det ikke så mye, men våre fattige gjør det. La oss spørre våre fattige, som er blitt enda mer proletarisert siden den siste elimineringen av antisemittisme enn noensinne tidligere.

Noen av våre velstående menn sier kanskje at presset ikke ennå er sterkt nok til å rettferdiggjøre emigrasjon, og at til og med tvungen utvisning viser hvor uvillige folket er til å reise. Det er sant, fordi de ikke vet hvor de skal reise, fordi de bare drar fra et problem til et annet. Men vi viser dem veien til Løfteslandet, og den utmerkede kraften som heter entusiasme må kjempe mot den forferdelige kraften som heter vane.

Forfølgelsen er ikke lenger så ondartet som den var i Middelalderen? Det er sant, men vår følsomhet er blitt sterkere, slik at vi ikke føler noen forminskelse i våre lidelser. Vedvarende forfølgelse har overanstrengt nervene våre.

Vil folk si atter en gang at initiativet vårt er håpløst, for selv om vi skaffer oss landet med herredømme over det, vil bare de fattige gå med oss? Det er nettopp de fattigste som vi trenger først. Det er bare de desperate som blir gode erobrere.

Vil noen si: Hvis det var mulig, ville det ha blitt gjort for lenge siden?

Det har aldri tidligere vært mulig, men nå er det mulig. For hundre – eller til og med bare for femti år siden, ville det bare ha vært en drøm. I dag kan det bli en virkelighet. Våre rike, som har fått et behagelig bekjentskap med alle våre tekniske prestasjoner, vet veldig godt hvor mye penger kan utrette. Og slik vil det være. Bare de fattige og enkle, som ennå ikke vet hvilken makt som mennesket allerede har over naturens krefter, det er bare disse som vil ha en fast tro på det nye budskapet. For disse har aldri mistet håpet om Løfteslandet.

Her er det, mine kjære jøder. Verken eventyr eller bedrag. Enhver mann kan teste virkeligheten på egen hånd, for alle menn vil bære med seg en del av Løfteslandet – en i sitt hode, en annen i sine armer, en annen i sine ervervede eiendeler.

Alt dette ser kanskje ut som en uendelig lang affære. Til og med i de gunstigste omstendigheter kan det gå mange år før begynnelsen på grunnlaget for staten blir lagt. I mellomtiden vil jøder på tusen forskjellige plasser lide av fornærmelser, drap, mishandling, slag, herjinger og død. Nei, hvis vi bare begynner å utføre planene, vil antisemittismen stoppe en gang for alltid. For det er konklusjonen av fred.

Nyheten om at det jødiske selskapet er blitt dannet vil på en dag bringes til jordas fjerneste hjørner med lynets hastighet gjennom telegraf-linjene.

Og umiddelbart vil vi få lindring. De intellektene som vi produserer så mange av i middelklassen, vil finne utløp i våre første organisasjoner, som våre første teknikere, offiserer, professorer, tjeneste-menn, advokater og leger, og dermed vil bevegelsen fortsette i en rask og jevn takt.

Man vil også si bønner for at arbeidet skal lykkes i templer og også i kirker, for det vil gi lindring fra en gammel byrde som alle har lidd under.

Men vi må først bringe opplysning til menne-skers sinn. Denne ideen må komme inn til de fjerneste og mest miserable hullene der folket vårt bor. De vil våkne opp fra en dyster grubling, for det vil komme en ny betydning inn i livene deres. Enhver mann trenger bare å tenke på seg selv, og så vil bevegelsen få store proporsjoner.

Og hvilken ære som venter for dem som kjemper uselvisk for saken!

Derfor tror jeg at det vil vokse fram en herlig generasjon med jøder. Makkabeerne vil reise seg igjen.

La meg enda en gang gjenta ordene fra begynnelsen: De jødene som ønsker en stat, vil få den.

Vi vil til slutt leve som frie menn på vår egen mark, og dø fredsommelig i våre egne hjem.

Verden vil bli satt fri av vår frihet, beriket av vår rikdom, forstørret av vår storhet.

Og alt det som vi der forsøker å oppnå for vår egen velferd, vil reagere på en mektig og gunstig måte for menneskehetens gode.

Tillegg 1:
Kort biografi

Theodor Herzl ble født den 2. mai 1860 i det jødiske kvarteret i Pest i Kongeriket Ungarn.

Foreldrene hans het Jakob og Jeanette Herzl, og de var tysktalende jøder. Deres første barn, Pauline, ble født ett år før Theodor ble født. De var velstående jøder fra middelklassen.

Selv om familien var assimilerte, gikk Jakob og Theodor regelmessig til den store synagogen på Dohany-gata, som er Europas største synagoge. Hjemme overholdt familien også de viktigste jødiske tradisjonene.

Rundt tolv års alder begynte Herzl å forstå sin jødiske identitet. Han fortalte senere at han i den alderen hadde en helt spesiell drøm: «Kong-Messias kom, en herlig og majestetisk gammel mann, tok meg i armene sine og feide av sted med meg med vindens vinger. På en av de iriserende skyene møtte vi figuren Moses. Ansiktstrekkene var de som var kjente for meg fra barndommen fra Michelangelos statue. Messias ropte til Moses.: «Det er for dette barnet som jeg har bedt.» Men til meg sa han: «Gå, og forkynn for jødene at jeg vil komme snart og utføre store under og store gjerninger for mitt folk og for hele verden.»»

115

Som ung var Herzl interessert i vitenskap og ingeniør, og som 10 år gammel begynte han å studere ved en teknisk skole i Pest. Senere i livet utviklet han derimot en større interesse for poesi og humanitære fag.

Som ung mann betraktet Herzl Tyskland som det beste *Kulturvolk* i Sentraleuropa. Den tyske høye kulturen var svaret på den antisemittismen som hadde plaget jødene i så mange århundrer. Herzl trodde at europeiske jøder hadde en enestående mulighet til å kvitte seg med sin skammelige jødiske egenskaper og bli siviliserte europeere, et sant *Kulturvolk*.

I 1878 døde søsterens hans, Pauline, i tyfus, og familien flyttet til Wien. Herzl begynte å studere jurisprudens på universitetet i Wien. Mens han studerte der, ble han medlem av det tyske Akademische Burschenschaft Albia. Men da han senere oppdaget at det var fullt av antisemittisme i denne organisasjonen, sluttet han i protest.

I 1889 gifte than seg med Julie Naschauer, som var datter til en velstående jødisk forretningsmann i Wien. Theodor og Julie hadde ikke et lykkelig ekteskap, og kun to år senere fortalte han svigerfaren sin at han ville skille seg fra kona. Det ble aldri noen skilsmisse, og paret fikk tre barn sammen: Paulina, Hans og Margaritha.

Etter å ha tatt eksamen hadde Herzl en kort juridisk karriere i Wien og Salzburg, og så begynte han å jobbe med journalistikk og litteratur. Han begynte blant annet å skrive en rekke skuespill, og han reiste rundt omkring i Europa som korrespondent. Snart fikk han en fast stilling for avisen *Neue Freie Presse* i Paris.

Som korrespondent i Paris bevitnet han mange antisemittiske begivenheter. Den mest berømte av den var Dreyfus-saken, der en fransk jødisk kaptein i hæren ble anklaget og dømt for å ha spionert for Tyskland, selv om det senere ble bevist at han var uskyldig.

Herzl hadde tidligere ment at antisemittisme var et sosialt problem som jødene kunne overvinne ved å assimilere blant de folkene som de bodde iblant.

Herzl sa senere at han ble en sionist da han bevitnet hvordan mobben skrek «død over jødene» da Dreyfus ble degradert på et torg i Paris. Han forsto at så lenge det eksisterte antisemittisme, ville assimilasjon være en umulighet, og den eneste løsningen var at jødene måtte få en egen stat.

Som sionist fikk Herzl snart et møte med baron Maurice de Hirsch, som var en av de rikeste menneskene på den tiden og som var opptatt av å bosette russiske og rumenske jøder i Argentina.

Etterhvert som Herzl begynte å gruble på det eldgamle problemet med antisemittisme, tok den litterære karrieren hans en vending. I 1894 skrev han «Den nye ghettoen», et skuespill om det sosiale livet til jøder fra overklassen i Wien. I juni 1895 begynte han å skrive dagbok under tittelen «Det jødiske spørsmålet», og et av innleggene i boka var en pamflett på 65 sider som han kalte for «Brev til Rothschild», der han mente at jødene kun kunne reddes av at det ble opprettet en jødisk stat. Senere samme år utbroderte han det han hadde skrevet i brevet, og dette ble boka *Der Judenstaat*, eller Den jødiske staten.

Da boka ble utgitt på tysk i begynnelsen av 1896, ble den mottatt med stor glede av mange østeuropeiske jøder, som led under den sterke antisemittismen der.

Etter at boka ble utgitt, begynte Herzl også å jobbe for å vinne politisk støtte for planen fra europeiske statsledere. I juni 1896 reiste han til Konstantinopel der han flere av de nærmeste medarbeiderne til den osmanske sultanen.

Herzl bestemte seg også at han skulle organisere en kongress for sionister fra hele verden. Fra begynnelsen av var planen egentlig å arrangere kongressen i München, men da det jødiske samfunnet i den bayerske byen motsatte seg disse planene, ble han isteden nødt til å arrangere den i Basel i Sveits.

I slutten av august 1897 kom så omtrent 200 delegater sammen for den første sionistkongressen. De fleste av dem var fra Sentral- og Øst-Europa, selv om det også var noen delegater fra Vest-Europa og USA. Det var både ortodokse jøder og ateister, forretningsmenn og studenter. «Sionisme er en hjemkomst til jødedommen før det er en hjemkomst til det jødiske landet», sa Herzl under sin tale på kongressen.

På kongressen ble det som Herzl hadde kalt for «Jødenes samfunn» i boka si, opprettet under navnet Sionistorganisasjonen, og Herzl ble valgt til president. De vedtok dessuten Basel-programmet, som erklærte at sionismens mål var å skape et hjemland for det jødiske folket i Palestina. På den

118

andre sionistkongressen ble «Det jødiske selskapet» opprettet som en bank, som senere ble kalt for Jødisk kolonialistisk stiftelse og senere igjen Anglo-Palestine Bank.

Etter at kongressen i Basel var over, skrev Herzl i dagboka si: «Hvis jeg skal oppsummere Basel-kongressen i ett ord – som jeg ikke skal gjøre åpenlyst – vil det være dette: I Basel grunnla jeg den jødiske staten. Hvis jeg skulle si dette i dag, ville det bli møtt av universell latter. Kanskje om fem år, og sikkert om 50, vil alle se det.»

Allerede før kongressen hadde Herzl startet en sionistisk avis ved navn *Die Welt* i Wien, og etter kongressen jobbet han ustanselig for å spre sionismens sak, blant annet ved at han opprettet flere hundre filialer av Sionistorganisasjonen rundt omkring i Europa og Amerika.

De diplomatiske innsatsene hans førte etterhvert til at han fikk treffe flere statssjefer, som for eksempel den tyske keiseren Wilhelm II og den tyrkiske sultanen Abdul Hamid II. Men ingen av disse var særlig interessert i å hjelpe jødene med å få et hjemland, og etterhvert begynte Herzl isteden å vende blikket mot Storbritannia, der han blant annet fikk treffe Joseph Chamberlain.

Britene foreslo først at jødene skulle få opprette bosettinger i den delen av Sinaihalvøya som var kontrollert av britene, og senere igjen foreslo de at jødene burde danne et hjemland i Uganda i Afrika. Både Herzl og flere andre sionister var villige til å godta Uganda som et hjemland for jødene, men det ble et voldsomt spetakkel da dette forslaget kom opp på sionistkongressen i 1903. Spesielt de russiske jødene protesterte mot dette forslaget.

I 1904 reiste Herzl til Roma der han fikk audiens hos den italienske kongen Vittorio Emanuele III og pave Pius X. Paven erklærer at han ikke ville støtte at de vantro jødene skulle få vende tilbake til Det hellige land. «Hvis dere kommer til Palestina og bosetter folket deres der, vil vi ha kirker og prester der som er rede til å døpe dere alle», erklærte paven.

Herzl døde kort tid etterpå av hjertesvikt i Edlach i en alder av 44 år og ble gravlagt i Wien.

I august 1949 ble restene etter kroppen hans til slutt flyttet til Jerusalem der de ble gravlagt på toppen av et fjell som fikk navnet Herzls berg.

Tillegg 2:
Kronologi

Her følger en kronologi over Theodor Herzls liv og gjerning:

1860

2. mai: Herzl Tivadar blir født i Pest, Ungarn.

9. mai: Under omskjærelsen får han det hebraiske navnet בנימין זאב (Binjamin Zeev).

1878

Familien flytter til Wien, Østerrike-Ungarn.

1880

27. juli: Herzl får en juridisk eksamen.

Herzl blir medlem av Akademische Burschenschaft Albia.

1883

7. mars: Herzl trekker seg fra Akademische Burschenschaft Albia.

1884

Mai: Herzl tar doktorgraden i juridikk.

4. august: Herzl begynner å jobbe som advokat i statens tjeneste.

121

1885

Herzl trekker seg som advokat for å bli skribent.
Han besøker Belgia, Holland, Berlin og Praha.

1887

Herzl begynner å skrive for «Wiener Allgemeine
Zeitung».

1889

25. juli: Herzl gifter seg med Julie Naschauer i
Reichenau.

1890

29. mars: Herzls datter Pauline blir født.

1891

10. juni: Herzls sønn Hans blir født.
Oktober: Herzl begynner å jobbe som
korrespondent for «Neue Freie Presse» i Paris.

1892

31. august: Herzl skriver en lang rapport ved navn
Französischer Antisemitismus («Fransk
antisemittisme»).
November: Familien flytter til Paris.

1893

20. mai: Herzls datter Margarethe Gertrude blir
født.

1894

19-22. desember: Herzl rapporterer fra rettssaken
mot kaptein Alfred Dreyfus

1895

6. januar: Herzl bevitner hvordan Alfred Dreyfus
blir degradert offentlig.

Våren: Herzl får ideen om en jødisk stat og skriver
et brev til baron Maurice de Hirsch der han
lanserer ideen.

Juni: Herzl skriver et 65 sider langt utkast til boka
Der Judenstaat i dagboka si. Han sender det som
et brev til familien Rothschild.

Høsten: Herzl besøker Paris og London der han
møter jødiske ledere som Narcisse Leven,
sjefsrabbi Zadoc Kahn, Max Nordau, Israel
Zangwill, sjefsrabbi Adler, sir Samuel Montagu,
oberst Goldsmid og andre.

Desember: Herzl fullfører *Der Judenstaat: Verusch
einer modernen Lösung der Judenfrage* («Den
jødiske staten: Et forsøk på en moderne løsning
på det jødiske spørsmålet»).

1896

14. februar: *Der Judenstaat* blir utgitt.

10. mars: Sofias sjefsrabbi dr Reuben Bierer mener
at Herzl er messias.

Mai: En engelsk oversettelse av *Der Judenstaat* blir
utgitt i London.

Juni: Herzl besøker Konstantinopel der han møter
representanter for det osmanske riket.

11. juli: Engelske jødiske ledere blir enige med Herzl om å jobbe for opprettelsen av en jødisk vasallstat under tyrkisk styre.

September: Herzl blir innsatt som leder for Sionistsamfunnet i Wien.

29.-31. august: Den første sionistkongressen blir arrangert i Basel, Sveits. Sionistorganisasjonen dannes på kongressen.

31. desember: Herzl skriver artikkelen *Die Menorah* der han forteller at han har vendt tilbake til jødedommen og om hvordan hanukkah påvirker ham.

1897

28.-31. august: Den andre sionistkongressen kommer sammen i Basel.

1898

18. oktober: Herzl får audiens hos keiser Wilhelm II i Konstantinopel.

26. oktober – 4. november: Herzl besøker Palestina sammen med en delegasjon av sionister. Herzl møter keiser Wilhelm II først i Mikveh Israel og senere i Jerusalem. Herzl planter trær i Motza utenfor Jerusalem.

1899

15.-18. august: Den tredje sionistkongressen finner sted i Basel.

1900

13.-16. august: Den fjerde sionistkongressen finner sted i London.

1901

17. mai: Herzl få audiens hos den tyrkiske sultan i Konstantinopel.

26-31. desember: Den femte sionistkongressen i Basel. På den femte sionistkongressen blir Jødisk nasjonalfond opprettet.

1902

30. april: Herzl fullfører romanen *Altneuland* (Det gamle nye landet).

9. juni: Herzls far dør i Wien.

Oktober: Altneuland blir oversatt til hebraisk av Nahum Sokolow og utgitt under navnet *Tel Aviv*.

1903

23.-28. august: Den sjette sionistkongressen i Basel blir splittet av forslaget om å opprette en jødisk stat i Uganda.

1904

23. januar: Herzl får audiens hos kong Vittorio Emanuele III av Italia.

25. januar: Herzl får audiens hos pave Pius X.

3. juli: Herzl dør i Edlach, Østerrike.

7. juli: Herzl blir gravlagt i Döblinger Friedhof i Wien.

1948

14. mai: Staten Israel blir opprettet i en seremoni i
Tel Aviv museum. Theodor Herzls portrett
henger på veggen bak delegatene. I
uavhengighetserklæringen kalles Herzl for «den
jødiske statens åndelige far». Herzl er den eneste
personen som er nevnt ved navn i erklæringen.

1949

16. august: Herzl blir gravlagt på Herzls berg i
Jerusalem.

Om forlaget

Israelbok er en underavdeling av forlaget Himmelbok. Himmelbok er et forlag som både utgir egne bøker, og som gjør det mulig for uavhengige norske forfattere å få utgitt bøkene sine på norsk. Himmelboks bøker er til salgs på www.himmelbok.no. Per april 2018 er følgende bøker om Israel til salgs via Himmelbok.

Slagmark – Israels historie 1945-2009. Denne boka ble opprinnelig utgitt på Hermon Forlag i 2009. En ny, heftet billigutgave av boka er nå til salgs.

Israel – Fra Dan til Beer Sheva. Dette er en reisehåndbok som beskriver mer enn 200 severdigheter over hele Det hellige land med fargefotografier fra de fleste severdighetene.

Hvem bryr seg om palestinerne? Bok nummer en i serien «Israel og nasjonene». Boka handler om Israels forhold til de palestinske araberne.

Onkel Sam eller onkel Judas? Bok nummer to i serien «Israel og nasjonene». Boka handler om Israels forhold til USA.

Den jødiske staten. Bok nummer en i serien «Sionismens klassikere».

www.himmelbok.no

Ønsker du også å skrive og gi ut dine egne bøker?
Himmelbok publiserer og selger bøker av
forskjellige kristne forfattere. Besøk
www.himmelbok.no *for mer informasjon!*